USE E ABUSE DE SEU SIGNO

Marília Pacheco Fiorillo &
Marylou Simonsen

USE E ABUSE DE SEU SIGNO

www.lpm.com.br
L&PM POCKET

Coleção **L&PM** POCKET, vol. 426

Primeira edição na Coleção **L&PM** POCKET: maio de 2005
Esta reimpressão: setembro de 2010

Capa: Marco Cena
Revisão: Eva Motchi e Larissa Roso

ISBN 978-85-254-1407-6

F518

Fiorillo, Marilia Pacheco
Use & abuse do seu signo: tudo o que você queria saber sobre o zodíaco e nunca lhe contaram / Marília Pacheco Fiorillo e Marylou Simonsen. – Porto Alegre: L&PM, 2010.
192 p. ; 18 cm. (Coleção L&PM POCKET; v. 426)

1. Astrologia. 2. Simonsen, Marylou. I. Título. II. Série

CDD 133.52
CDU 133.526

Catalogação elaborada por Izabel A. Merlo, CRB 10/329.

Rua Comendador Coruja 314, loja 9 – Floresta – 90220-180
Porto Alegre – RS – Brasil / Fone: 51.3225.5777 – Fax: 51.3221-5380

PEDIDOS & DEPTO. COMERCIAL: vendas@lpm.com.br
FALE CONOSCO: info@lpm.com.br
www.lpm.com.br

Impresso no Brasil
Primavera de 2010

Sumário

PREFÁCIO

Relaxe, e se encaixe

Se há algo fora de dúvida, nestes tempos turbulentos que correm, é a absoluta eficácia da astrologia, se comparada a outras ciências contemporâneas.

A ciência econômica, por exemplo, só tem dado bola fora: quando seus arautos prevêem que o dólar vai estabilizar, o dólar mergulha em queda livre; quando apostam que as privatizações vão modernizar os serviços, os pobres clientes se tornam reféns de serviços podres; e se por acaso chegam ao poder, com promessas de uma virada econômica, colocam em prática a mesma, mesmíssima, política econômica, para nosso azar.

Conclusão: não há maior amontoado de superstições e equívocos do que a ciência econômica. Prova disso é a fala mansa e hipnótica de alguns ministros, repetindo o mantra de que "vai tudo bem", enquanto nós, nossos vizinhos e aquele Brasil que não mora em Brasília têm de ser equilibristas para fechar as contas do mês.

A economia, assim, é talvez a mais esotérica das ciências: etérea, avoada e totalmente inexata. Não dá para confiar nela, porque suas profecias nunca funcionam. Já a astrologia, embora pareça algo incrível, do outro mundo, é tiro e queda. Dificilmente erra. Leia e comprove.

Além de certeira em suas predições, a astrologia tem um passado de peso, ao contrário de outras ciências jovens e pretensiosas, como a psicanálise, por exemplo. A teoria do divã não passa de uma ninfeta de cem aninhos e pouco, enquanto a senhora Astrologia teve cinco mil anos para se burilar, tomar suas precauções, consertar seus equívocos e acertar em cheio nos seus diagnósticos. Uma consulta astrológica nunca será tão vaga quanto o comentário do analista, ou tão duvidosa quanto as reformas ministeriais.

A ciência astrológica é tão segura de si que não abre mão de seus princípios. Se o sujeito é um sagitariano, por exemplo, será sempre meio atrapalhado, ou, se é um pisciano, um sonhador crônico. Uma vez determinada a moldura na qual o camarada vai se movimentar (às vezes é uma kitchenette, às vezes uma mansão na Riviera), entra o relativismo: o modo como cada sagitariano ou pisciano administram suas infinitas qualidades e defeitos. As gafes sagitárias podem acabar com sua carreira, ou serem tão divertidas e espirituosas que ele se tornará o mais popular da equipe e abocanhará uma promoção-relâmpago. Já o Peixes, ou ele toma jeito e escreve suas poesias num diário, que pode inclusive virar *best-seller*, ou se afoga nas suas fantasias acompanhado de uma garrafa de Bourbon.

Este livro assume a porção 100% de cada signo. A porção determinista-otimista. Afinal, apesar de cada tipo ser tratado com o merecido bom humor, eles são doze arquétipos bem definidos, cada qual baseado (praticamente) em tudo que a ciência astrológica já escreveu, pensou e palpitou sobre os signos. Os doze arquétipos bem-humorados são uma espécie de doze tribos, cada qual com seus usos, costumes e manias intransferíveis. É claro que se você nasceu na tribo geminiana, isto é, com o sol no elétrico e intelectual Gêmeos, mas tem ascendente, Lua, e meia dúzia de planetas em Câncer, um signo totalmente manteiga derretida, é possível que você também se comporte como um sentimental, além de ser um alucinado devorador de novidades. Mas, feitas as contas, nada neste planeta, ou nos outros nove que compõem o zodíaco, vai conseguir impedi-lo de ser um geminiano.

Qualquer dúvida, basta conferir neste guia prático – mesmo porque as grandes questões existenciais, filosóficas e psicológicas só têm cabimento no dia-a-dia. Agora, se você não se encaixar, nem na terapia que recomendamos, nem no modo de tratar a sogra, e muito menos no seu perfil amoroso, o problema é grave, gravíssimo. Porque o defeito nunca é dos astros. É aí que entra a porção relativista da astrologia: com alguma força de vontade, dá inclusive para você se adaptar melhor ao seu destino, e se tornar finalmente aquele tipo irresistível que está em algumas destas páginas.

As autoras

ÁRIES

QUERO O QUE QUERO, E JÁ!
(UM ARIANO COMEDIDO)

20/03 A 19/04

Quando você topar com um tipo inflamado, ou de pavio tão curto que vai explodir em resmungos – ou tiradas engraçadas – antes mesmo de ser apresentado, nem precisa perguntar (polidamente, como o faria para qualquer outro habitante do zodíaco) "mas qual é mesmo seu signo?". O camarada só pode ser um ariano.

Atenção, porém: há quase tantos arianos tímidos quanto empolgados. Porque um ariano, para fazer jus ao bicho que o tem simbolizado por milênios – um carneirinho –, é também meio retraído. Fica sem graça por qualquer coisa, principalmente com elogios, e pode sumir repentinamente de uma festa se não encontra ninguém da mesma tribo.

Assim, se há tantos arianos atirados (mesmo que o tiro saia meio *gauche*) quanto ensimesmados, o teste definitivo será checar seu grau de teimosia. Todo bom ariano, por ser o primeiro representante do zodíaco, é também o mais impulsivo e obstinado dos doze: ele não tem qualquer paciência para pesar os prós e contras de nada. Seu lema é: agir primeiro, pensar depois.

Mas experimente questionar a inconsistência de seus motivos. Ele vai olhar para você como um terráqueo provavelmente observaria um marciano: mas *é claro* que ele sabia exatamente por que agiu assim e assim, e *é claro* que ele tem absoluta certeza de que este é o único modo de se fazer as coisas, e *é óbvio* que ele jamais pensaria de outra maneira... até mudar de idéia, ou, melhor dizendo, de impulso. Conclusão: um ariano nunca será monótono, desde que você tenha versatilidade e fôlego suficientes para acompanhá-lo. Além do mais, ele sempre será um tipo bem-intencionado, sem qualquer malícia.

Terapias para um ariano à beira de um ataque de nervos

Sendo jogo rápido, ele vai se dar bem com qualquer uma. Um ariano não é aquele que fica escarafunchando o *pedigree* do seu terapeuta, ou tem de ler os três tomos da obra completa de Freud para depois se decidir sobre se topa ou não uma primeira consulta. Ele quer é resultados imediatos, no que, aliás, demonstra admirável bom senso.

Como, em geral, as crises nervosas e existenciais do ariano não têm origem em traumas edipianos, mas num ataque de fúria em que ele vê tudo vermelho (muitas vezes, com absoluta razão), a técnica psicoterapêutica mais indicada é um bom karatê, judô, jiu-jitsu ou boxe, no mínimo duas vezes por semana. A realidade rapidamente retomará seu colorido real. Nada de tai-chi ou yoga. Acordar às seis da manhã para treinar os graciosos e lentos movimentos do tai-chi com o mestre, sob frondosas árvores do parque da cidade, pode ser uma boa para o pisciano, mas para ele só tornará o mundo ainda mais vermelho-congestionado, e numa hora singularmente imprópria. Quanto a permanecer meia hora sentado em posição de lótus, praticando a *hatha yoga*, isso só levaria o ariano direto a uma ambulância, com um ataque apoplético.

No caso de o ariano só arranjar uma academia de karatê ou judô extorsivamente cara, ou com horários de matinê, ou infinitamente longe de casa, resta-lhe uma saída barata e doméstica: o *punching-bag*, isto é, encomendar um saco de areia revestido de plástico, pendurá-lo no banheiro, e trancar-se lá por meia hora, diariamente, quando chega do trabalho. Com este módico método, conflitos familiares, empregatícios e emocionais serão dissolvidos em quinze minutos.

"Conquistar um ariano significa persuadi-lo de que o conquistado, após uma labuta e tanto, foi você..."

Para as arianas, recomenda-se fazer pão: sovando a massa com toda a força de que seus bíceps são capazes, ela sublimará o ímpeto de aplicar uma sova nos pirralhos de casa, ou no camarada que sempre deixa as roupas espalhadas naquela trilha que vai do hall (gravata) à sala de estar (paletó), quarto do casal (meias e sapato) e banheiro (o restante). A família inteira sai ganhando, e passa a disputar não entre si, mas o maior bocado de pão no jantar.

Um curso de cerâmica também é recomendável para aquelas arianas que não são muito chegadas ao forno e fogão. Amassar argila, em vez de amassar o pára-lama do vizinho, é mais barato e instrutivo, e pode, inclusive, render uma carreira artística internacional, quem sabe com exposições de ícones semidestroçados, na Documenta de Kassel ou Bienal de São Paulo. O duro, para essas arianas premiadas com talento para esculturas, vai ser agüentar quietinhas, paradas de pé no mesmo lugar, só ouvindo conversa mole, os vernissages e coquetéis que se seguirão.

Tipos ideais

(Como se ajeitar, com o maior conforto possível, com cada representante do zodíaco)

ALERTA! *(vale para ambos os sexos)*

Se você está de olho num ariano, a técnica infalível é: nada de facilitar as coisas. O ariano só fica ligado quando acha que é ele quem está conquistando, caçando, detonando rivais, derrubando a Muralha da China ou seja lá qual for a metáfora (um tanto belicosa) de seus jogos amorosos.

Deixe tudo convenientemente preparado para que ele se sinta um intrépido cavaleiro que acaba de resgatar sua dama do dragão, ou ela se ache a rainha das amazonas de salto sete, que abocanhou o prêmio (você) num campeonato concorridíssimo, repleto de Britney Spears. Homem ou mulher, o ariano prefere sempre ter a iniciativa. Conquistá-lo, portanto, significa persuadi-lo de que o conquistado, após uma labuta e tanto, foi você. Jamais reclame de seu atrasos e nunca, mas nunca mesmo, abarrote-o de presentinhos ou proponha ficar em casa vendo TV. O ideal é sumir na hora combinada, deixando com o vizinho o endereço de onde você pode ser encontrada. Ele vai procurá-la furioso, e completamente fisgado.

Combinações possíveis

As melhores

Áries e Áries

Os dois vão estar sempre querendo sair, viajar, explorar o novo restaurante. Infelizmente, um prefere uma cantina, o outro um bistrô, um quer preguiçar numa rede, o outro praticar alpinismo. Ambos jamais darão o braço a torcer, e não vão admitir fazer seu programa sem o parceiro. Talvez eles não estejam exatamente em desacordo quanto ao programa, mas, na falta de uma controvérsia objetiva, transformam seu convívio nela. Recomenda-se duas saídas para a paz conjugal: filhos ou tabela semanal de lazer. Com filhos, os arianos terão um pomo de discórdia tão esgotante que se tornarão mais tolerantes na hora de resolver o que fazer numa sexta à noite. Na falta de prole, convém estabelecer dias pares para os programas do marido, dias ímpares para os da mulher. Como o total de dias numa semana nunca é divisível por dois, a disputa pode se estabelecer em torno de quem fica com o domingo. Mas ao menos durante seis dias a concórdia será mantida.

Áries e Touro

É uma espécie de tourada às avessas. O papel do Touro é amansar o Carneiro. É claro que o ariano sempre precisa de uma certa vibração em suas relações, mas também não lhe cai mal a boa dose de estabilidade que o Touro pode lhe proporcionar. Ele só deve ter muito cuidado para não enfurecer demais o pacato Touro – um taurino demora a reagir, mas, quando explode, reduz o ariano a um indefeso carneirinho.

Áries e Gêmeos

Um ariano apaixonado não espera um segundo para ir direto ao que lhe interessa. Um geminiano, antes de aceitar o convite para arrumarem as malas de improviso e passarem um fim de semana sensacional juntos, vai querer discutir o que, exatamente, o Carneiro pretende deste *weekend* prolongado, se as reservas já foram feitas, e que rumo o caso dos dois pode tomar, na eventualidade do fim de semana dar certo. Se o ariano conseguir manter acesa sua chama durante as três horas de discussões preliminares sobre sexualidade e afetividade, o *weekend* pode render um caso formidável.

Áries e Câncer

O caseiro caranguejo pode jogar muita água fria nos mirabolantes projetos do fogoso Carneiro. Mas nenhum signo é melhor que Câncer para esfriar, com tato e paciência, a cabeça quente do ariano – que, depois de bater os pés enraivecido contra as manobras cancerianas para retê-lo em casa, acabará todo contente fazendo macaquices para o parceiro, enquanto lava a louça, às onze da noite. Um canceriano astuto é o que trata o Carneiro como um bicho teimoso, que vive escoiceando, mas sossega feliz quando consegue provocar boas risadas no parceiro.

Áries e Leão

Fogo que atiça fogo. A atração entre esses dois signos é enorme, instantânea e geralmente inclinada a tumultos. Como são ambos mandões, é melhor não tentar decidir nada no braço-de-ferro. O Carneiro hábil é aquele que doma o Leão através de elogios: este ficará tão embevecido com a apologia a seus dotes que nem perceberá que a decisão final sobre onde jantar coube mesmo ao malandro ariano. Pois se o Leão abre mão de qualquer negócio para ser o centro das atenções, basta deixar o Carneiro conduzir a dupla que tudo dará certo.

Áries e Virgem

Uma combinação ideal no escritório, mas um pouco entediante em casa. A meticulosidade e senso prático do virginiano fazem dele o parceiro ideal para um ariano cheio de projetos mas sem nenhum método. Serão felizes para sempre se forem chefe e secretária, diretor e assessor, sócios. Um inventa, o outro sistematiza. Um se lança à cata de clientes, o outro mantém os fichários em dia. Se ambos estiverem buscando menos um romance, e mais uma sólida sociedade conjugal, será perfeito.

Áries e Libra

São signos opostos e, por isso mesmo, complementares. O ariano se desmancha com a coqueteria de Libra. O libriano fica hipnotizado com a impetuosidade um tanto brutamontes de Áries. Passado o idílio inicial, o Carneiro individualista e combativo pode se irritar com a excessiva diplomacia do libriano. O Carneiro paga por uma boa briga, o libriano faz qualquer negócio para sair dela. Nunca convém que o libriano convide para jantar o ex-colega do parceiro ariano, só porque este ex-colega virou vice-presidente da empresa. O Carneiro não só vai se retirar da mesa, como é capaz de pôr o libriano para fora de casa.

Áries e Escorpião

À primeira vista, não há caso possível entre o irônico e reservado Escorpião e o franco e ousado Carneiro. Mas só à primeira vista: a imagem mais suave de um encontro entre os dois é uma explosão atômica. Nenhuma combinação tem uma voltagem sexual tão alta como esta. Ciúmes, confrontos e reconciliações deliciosas. A única cautela a se tomar é trancar em armários toda a porcelana e cristais da casa. O casal, uma vez reconciliado, pode até se esquecer do motivo da briga, mas os vasos da Bohemia e cinzeiros de Murano não têm mais conserto.

Áries e Sagitário

Melhor camaradagem não há. O otimismo e jovialidade do sagitariano neutralizam num minuto a rabugice ariana, e os dois se entendem rapidamente para planejar uma viagem à Mongólia, um passeio de *mountain bike* ou a fundação de um novo partido ecológico (que abandonarão em seguida). Serão inseparáveis enquanto houver alguma aventura do espírito ou dos músculos para embarcarem, algum remoto ideal para perseguirem, e algum recorde a ser batido. Os problemas só surgirão na hora de trocar uma lâmpada queimada da sala ou aparar a grama do jardim. Eles estão muito ocupados com a própria intrepidez para checar se a conta de luz foi paga.

Áries e Capricórnio

"Vamos dançar hoje à noite?", arrisca o Carneiro. "Mas eu nem sei direito onde você mora, qual é o seu cargo na firma e quais são seus cartões de crédito", pensa, mas não diz, o capricorniano. Esse é o famoso exemplo de incompatibilidade de gênios: o Carneiro quer tudo *já*, o Cabrito montanhês dá tempo ao tempo. O Carneiro pode sair de casa com um pé de meia marrom, outro azul; o capricorniano só veste grifes. O Carneiro pode ser feliz sendo camelô; o capricorniano nasceu para fazer carreira dentro de uma multinacional. Mas se o Cabrito montanhês estiver numa daquelas crises dos 40 anos, em que sente impulsos de avisar a secretária que vai sair para comprar um maço de cigarros e não voltar nunca mais, então o ariano será o parceiro ideal para uma nova vida.

Áries e Aquário

Se um ariano declarar a uma aquariana, como às vezes gosta de fazer, "Ou eu, ou seus amigos", pode estar seguro: ela vai educadamente avisar que o jantar está no freezer, agarrar a bolsa e correr para a partida de *bridge* de toda quinta-feira. Não que o aquariano ame mais a liberdade que o ariano – ambos têm crises de claustrofobia se não fazem o que bem entendem. O ponto é que o aquariano só faz o que bem entende em grupo – eles têm sempre a turma do futebol, do carteado, da astrologia, da cervejinha às sextas, do clube, etc., etc. O ariano, ao contrário, é meio bicho-do-mato – uma reunião de mais de seis pessoas, para ele, já é um comício. Se forem os seis amigos dela, então, ele vai se sentir pior ainda: um *sir* Lancelot solitário metido à força num exército alienígena. A recomendação para que o exclusivista ariano não se sinta ferido pela sociabilidade aquariana é arranjar um jeito para que o Carneiro faça sempre hora extra nos horários em que o aquariano se diverte com sua tribo.

Áries e Peixes

O delicado pisciano está sempre pronto a compreender e perdoar. Nos primeiros seis meses, tudo bem. Mas não há ariano, por mais enrustido que seja, que não adore uma boa polêmica, ou bater a porta da sala e jurar que não volta nunca mais. E qual é a graça disso, se quando ele voltar o pisciano estiver sentado na mesma poltrona, lendo o mesmo livro de poesias, com um ar condescendente e cheio de ternura? Nada irrita mais um Carneiro que os contínuos ares de carneirinho do Peixes. O pisciano, portanto, deve esforçar-se por representar de vez em quando uma cena melodramática, mesmo que isso fira sua enorme suscetibilidade: meia dúzia de ameaças e gestos teatrais bastam para dar um toque novelesco à convivência, e reconduzir o casal à perfeita harmonia.

Como manter o caso firme
(E agüentar as conseqüências)*

Sogra

O ariano, ao contrário do canceriano, nunca dirá que a mãe é a mulher de seus sonhos. Mas não se deixe enganar: ele é de uma feroz lealdade com todos aqueles que o cercam. Como é, também, muito intempestivo, pode ser que esteja às turras com a mãe, irmão, amigo de

* V.P.A.S. (Vale para ambos os sexos)

infância. A sua entrada em cena será o pretexto que ele necessita para voltar às boas com todos. Portanto, concorde quando o Carneiro diz que a mãe é uma chata, mas nunca ouse dizer, *você*, isso. Jantando na casa da sogra, não deixe de elogiar o assado para ela. Ele vai fingir que nem ouviu, mas ficará agradecido. E você não será obrigada a repetir a receita, mas apenas inúmeras visitas.

Casa

Não é pelo estômago que você vai agarrá-lo, mas pela mobília. Ou pelos eletrodomésticos, livros, roupas de mesa e cama, meias e raquetes: nunca mude nada de lugar. Se você precisar mesmo tirar os livros de dentro da geladeira e os potes de geléia da estante, faça-o com muita discrição e sutileza. Mas jamais interfira no seu senso peculiar de ordem. Se ele quiser os potes de geléia ao lado do dicionário, deixe estar.

Os meus, os seus, os nossos

Está cada vez mais difícil encontrar um ariano (ou qualquer dos onze outros signos) que não venha com o pacote ex-mulher e filhos. Felizmente, este é dos casos menos trabalhosos. Você não precisa se preocupar com a sua predecessora: o ariano é tão fiel enquanto o romance dura, como rapidamente desmemoriado assim que o caso se desfaz. Quanto às crianças, é melhor deixar que elas se entendam diretamente com o pai. Ele adorará ter um público cativo para suas histórias de heróis e princesas e corcéis loucos e destrambelhados.

Amigos

Jamais mexa com os dele, mesmo se ele parecer brigado com fulano ou beltrano. Porque o ariano é aquele tipo que num dia não cumprimenta, no outro dá um tapão nas costas. Quanto aos *seus* amigos, é melhor apresentá-los em doses homeopáticas. O ariano detesta dividir você com gente desconhecida.

Brigas

Nunca fuja de uma, com um ariano. Ele nem se dará ao trabalho de pedir desculpas, depois, porque não vai se lembrar das barbaridades que falou. Nada como um qüiproquó semanal para manter o ariano saciado.

O esporte sob medida

Embora as artes marciais sejam indicadas mais como psicoterapia, nada impede que o ariano equilibrado também se valha delas, nas horas de lazer. O importante, porém, é que ele se mexa. Sempre. Como todo signo de fogo, herdou uma saúde de ferro. Mas se não for *office-boy* ou maratonista profissional, isto é, se apenas ocupar um cargo de alto executivo, funcionário público ou assessor parlamentar, estará com a saúde mental rapidamente abalada caso não pratique seu *cooper* diário. O ariano é muito competitivo e detesta perder (até aí, nada estranho), mas, de todas as competições possíveis, prefere aquelas em que dispute consigo mesmo. O que ele quer é bater o seu próprio recorde, do mês ou ano passado. Seu melhor parceiro esportivo, portanto, é o risco. Assim, quanto mais desafiador e solitário for o esporte, mais contente ele vai ficar (e calmo). Esportes radicais são o ideal: *rappel*, *bunge jump*, *trakking*, *mountain bike*, e pára-quedismo. Se for absolutamente necessário estar em grupo, pode ser um rali. Para os mais entrados em anos, vale a natação, desde que seja nado borboleta. Jamais proponha uma partidinha de xadrez a um Carneiro: ele vai se impacientar antes que você tenha chance de aplicar o xeque-pastor, e pode virar o tabuleiro na mesa.

Como, quando e para onde viajar

A viagem inesquecível, para um ariano, será sempre aquela decidida na última hora. O Carneiro típico é aquele que resolveu esquiar em Aspen, já reservou hotel e comprou roupa térmica, e na véspera de pagar o bilhete aéreo vê numa revista da sala de espera do dentista uma foto de um sujeito velejando no Caribe, e liga para seu agente de viagem pedindo uma reserva para St. Thomas. Com isso, naturalmente, ele enlouquece todos à sua volta, da mulher, que já havia selecionado seu guarda-roupa de inverno, ao agente de turismo, incapaz, por deformação de ofício, de tratá-lo como ele mereceria. Os super-hidratantes da mulher, porém, servirão igualmente sob um sol escaldante ou o calcinante frio dos picos nevados. E o agente de viagem pode ter certeza de que receberá a comissão, pois, seja a Jamaica ou os Cárpatos, o ariano não vai desistir de partir.

Roteiros acima de qualquer suspeita

Jamais leve um ariano para saborear açucarados doces em Viena. Aqueles cafés empetecados, violinos e senhoras arrumadinhas vão lhe dar nos nervos. Leve-o diretamente à confusão de Berlim. Ou proponha um safári no Quênia, uma trilha pela Chapada Diamantina, uma estadia em Nápoles. Ele só vai se divertir se tiver alguns obstáculos para saltar.

Kit de viagem

O ideal é carregar um guarda-sol, mesmo se for para a Patagônia, e botas forradas de pele, mesmo se ele tiver se decidido pelo Taiti. Afinal, sempre se pode mudar de idéia no meio do caminho, e Punta del Este está a meio caminho da Patagônia, e os Himalaias na rota do Taiti. Um geminiano certamente tomaria estas providências, mas um ariano vai se esquecer do quanto suas certezas ("eu quero é sol", "eu quero é ficar escondido numa montanha") são passageiras.

Moda Áries

É a antimoda. Ou ele se fantasia, ou usa o mesmo *jogging* para passear com o cachorro e enfrentar a reunião de diretoria. No geral, os Carneiros abominam modismos, e sua natural rebeldia os impede de entrar naquele modelo de calças que só cabe num anoréxico, mas que todo mundo está usando, porque está na capa da *Vogue*. Como o ariano não dá a mínima bola para status, já que só enxerga a adorável meta inatingível à sua frente, é conveniente que ele se cerque de mulher, marido, secretária ou colega de quarto pacientes e dedicados, que se disponham a arrumar seu guarda-roupa de modo pronta-entrega: os blazers azuis com as calças cinzas, os cintos marrons com as bolsas idem, roupa de ginástica bem longe do smoking. Senão, ele apanha o que estiver mais próximo, e veste. Na pior das hipóteses (de não haver mulher, marido, ou qualquer boa alma à disposição), o negócio é providenciar um arsenal de jeans, camisetas Hering e mocassins italianos, que nunca fazem feio. Quanto aos arianos que gostam de se fantasiar – *casual chic* ao meio-dia, *punk* às 22h30 –, nada há a fazer.

Noitadas e comilanças

Um ariano *gourmet* será sempre uma exceção à regra. Eles foram feitos para devorar, não para degustar. Não têm nem parcimônia nem paciência para comparar o sushi do Takê-san com o sushi do Yamassita. Aliás, ficam acabrunhados com o tamanhinho dos sushis, que trocariam de bom grado por um bom bife grelhado. Carne vermelha é com eles – a moda é não comer carne, mas eles nunca embarcam na moda, não tem perigo. Se você quiser levar um ariano à depressão imediata, convide-o para um restaurante macrô. Se quiser levá-lo à loucura, ao botequim do português, cujos bolinhos de bacalhau são inigualáveis.

Quanto às noitadas, o ariano é de lua. Há luas para dançar, outras para ir ao cinema ou a um jantar bem fornido em casa de amigos. Só não coloque um ariano em badalações onde ele não conheça ninguém. Sua timidez oculta, somada ao seu horror por xaropadas, vai levá-lo a tomar o primeiro táxi sem mesmo se despedir de você.

A biblioteca do Carneiro

Ou o livro é bom demais, ou bem fino, com letras graúdas e fácil de consultar – senão o ariano se levanta após quinze minutos para rearranjar a decoração da casa (tirando tudo do lugar, e não pondo de volta) ou buscar um vídeo na esquina. O ideal é que ele procure aquelas obras em que possa se identificar com o herói. *Dom Quixote*, de Cervantes, é o seu clássico de cabeceira. Outro mito da cavalaria andante, só que moderna, é o detetive Sam Spade, de Dashiel Hammett – um Carneiro exemplar, durão, idealista, incorruptível, solitário e de coração tão sensível quanto o de uma mocinha.

A videoteca do Carneiro

A coleção das aventuras do intrépido, audacioso e sexy espião James Bond.

Todos os filmes de artes marciais

Pulp ficton e qualquer filme dirigido por Quentin Tarantino

Menina de ouro

Gladiador

O tigre e o dragão

Indiana Jones

Easy rider

Rambo I, II,....

Para os Carneiros que agüentam cinematecas, recomenda-se o "*noir*" *O falcão maltês.*

O presente que vai derretê-lo

Qualquer um, desde que seja uma total surpresa. Presentei-o, portanto, fora do Natal, aniversário e Ano-Novo.

O Carneiro levaria para uma ilha deserta

Ele: Nicole Kidman.

Ela: Clint Eastwood.

Touro

Felicidade: uma boa conta bancária, boa comida e boa digestão. (Um taurino sagaz)

20/04 a 19/05

Se o Touro tem uma ambição, é a de que o deixem sossegado onde está. Como, em geral, ele vai estar sempre bem instalado, cercado de belos móveis, boa comida e bebida de primeira, não há por que estranhar sua tendência ao imobilismo. Ninguém pratica melhor que ele o velho ditado "mais vale um pássaro na mão que dois voando": enquanto o ariano se entedia se não está correndo atrás de uma causa (quanto mais perdida, melhor), o taurino se desespera se tem que alterar sua velha e boa rotina. Nada mais natural para um signo regido pela mais preguiçosa das deusas, Vênus. E a preguiça, ao contrário do que se diz, é uma admirável virtude: sem ela não seria possível *relaxar* e aproveitar as férias, *relaxar* e beber um bom conhaque, *relaxar* durante aquela maravilhosa massagem do seu japonês preferido, e até mesmo *relaxar* e sair da sala para tomar um cafezinho enquanto o chefe espuma e berra porque o trabalho não ficou pronto a tempo. Afinal, o mau humor do chefe vai passar, e o mundo continua ali, no mesmo lugar. Com seu modesto pragmatismo, o Touro enfrenta as maiores crises sem chamuscar uma lasca de chifre. A vida, para ele, é simples e clara, e deve apenas ser bem vivida.

A notoriedade não o seduz: ele sabe que a fama não põe a mesa, e prefere os bastidores bem remunerados a sair em coluna social mas não ter como pagar o jantar. O poder é muito estressante e cheio de ambigüidades e artifícios, duas palavras que lhe dão alergia. As aventuras dissipam aquela rendazinha extra guardada na poupança, e isso um Touro jamais vai suportar. Prudência, estabilidade, segurança material: se você encontrar alguém que prefira investir em imóveis a jogar na Bolsa, comprar ouro em vez de dólares ou trocar uma estadia num hotel cinco estrelas por uma luminária *art decó* (afinal, gasta-se praticamente o mesmo, mas a luminária dura), então estará diante de um Touro de raça.

"Não se espante se a taurina dirigir um olhar por cima das flores, direto nas estrelas do seu talão de cheques."

Não pense, contudo, que ele só trata de negócios. Sua especialidade é outra: uma sensualidade que só tem paralelo com a do signo exatamente oposto, o Escorpião. Com a vantagem de que o sensual taurino evita relações perigosas. Para que se meter num caso complicado, se o negócio, afinal, é apenas ser feliz?

Terapias para um taurino à beira de um ataque de nervos

Símbolos não são com ele. Cinqüenta minutos de conversa sobre os arquétipos só vão causar bocejos.

Como o Touro é, igualmente, um pacifista nato, tentar persuadi-lo de que não anda bem porque lá na sua infância odiava o pai (já que desejava a mãe etc. e tal) é perda de tempo. Ele vai achar que o maluco é o analista, que nunca viu a senhora em questão e se mete a imaginar um *affair* entre ela e ele, trinta anos atrás. Amante de respostas sólidas, o Touro em crise deve procurar terapias mais de acordo com os seus cinco sentidos. Seis, se considerarmos o bom senso – que ele tem de sobra.

Assim, se o Touro quer porque quer freqüentar um consultório, deve procurar um terapeuta bioenergético. Massagear seus pontos de tensão, desfazer os nós de seu pescoço e aplicar óleo aromático em suas costas, sem exigir dele uma só confissão, apenas suspiros satisfeitos, vão produzir milagres. Uma gueixa também produziria, mas elas andam raras. Na falta delas, o taurino ligado na sabedoria oriental pode também experimentar um banho de ofurô, aqueles tonéis cheios de água quente onde os japoneses adoram se enfiar.

Sempre pode ocorrer que não haja um único terapeuta bioenergético, gueixa ou ofurô no raio de muitos quilômetros e o Touro esteja no auge da angústia. Que fazer, então? Muito simples: cantar. A plenos pulmões! Óperas, baladas, refrões antigos, qualquer gênero de música, debaixo do chuveiro ou no meio da rua.

Outra terapia que produz alívio imediato é correr para a próxima doceria e devorar doze quindins. A contra-indicação é meio óbvia – se a crise durar um mês, o Touro sai curado, mas com quatro quilos a mais. Por isso a única receita infalível para sair da crise, sem seqüelas, é lançar mão do talão de cheques, parar na loja mais chique da cidade e comprar aquela roupa estonteante. O toque novo do tecido (seda, linho, algodão puro) sobre a pele do Touro é ainda mais terapêutico que os mais hábeis dedos do melhor massagista.

Tipos ideais

(Como se ajeitar, com o maior conforto possível, com cada representante do zodíaco)

ALERTA! *(vale para ambos os sexos)*

Se você está rondando um taurino, só chegue perto quando estiver segura de que o seu bronzeado está perfeito, o corte do *tailleur* impecável, e as olheiras sumiram. O taurino é tão suscetível à beleza e à elegância de seu interlocutor que, às vezes, o interlocutor nem precisa falar. Não se preocupe, portanto, se disser um monte de pataquadas, porque a atenção dele estará totalmente voltada para o seu decote. Jamais esqueça do perfume e de providenciar para que o primeiro encontro seja regado a suculentos canapés: ambos são afrodisíacos indispensáveis para o taurino.

Se a meta é uma taurina, vale tudo que foi dito anteriormente: nada de barba de dois dias, gravata torta e paletó puído nos cotovelos. Ela estará observando atentamente o seu tórax, imaginando se é mesmo natural ou fruto de muita musculação. Não se espante se ela dirigir um olhar enternecido para as flores, e depois um olhar mais penetrante por cima das flores, direto ao número de estrelas do seu talão de cheques. Uma taurina, por mais desprendida que seja, sempre vai precisar saber com quem está falando. Porque ninguém está querendo mais uma aventurazinha. Muito menos este signo fixo, e de terra.

Combinações possíveis

As melhores

Touro e Áries

O casamento perfeito, desde que o Touro não perca as estribeiras com as contínuas cabeçadas do Áries.

Touro e Touro

Muito cuidado para não passarem o dia inteiro na cama, parados ou em movimentos acrobáticos. E para não acabar com os biscoitos da despensa e cervejas do congelador numa só tarde. O ideal é que se tornem cúmplices em atividades menos vorazes. Em vez de ficarem se consumindo um ao outro, ou consumirem o supermercado do mês numa semana, convém utilizar suas semelhanças para finalidades mais sóbrias, como colecionar objetos de arte, gravuras antigas e canetas-tinteiro. Em breve se tornarão, mais que um casal, um verdadeiro acervo.

Touro e Gêmeos

O geminiano é um verdadeiro encantador de serpentes para o taurino, que vai se estatelar, maravilhado, diante das incríveis frases espirituosas do parceiro. Num primeiro momento, o Touro se curva ao charme fatal do geminiano. Dois meses depois, notará que seu geminiano predileto está dizendo exatamente o contrário do que falava na semana passada. Para um taurino, qualquer nuance é sinal de confusão, e ele detesta se sentir confuso. Mas se o Touro não der a menor bola para a dispersão do Gêmeos, e se o geminiano em questão souber cozinhar e namorar além de argumentar, tudo estará nos eixos.

Touro e Câncer

Se resolvessem, num desses casuísmos tão típicos dos tempos modernos, banir o casamento da lei, ainda sobraria toda a população Touro-Câncer correndo clandestinamente para a igreja. Eles formam o par doméstico perfeito: adoram casa, filhos e almoços prolongados aos domingos. Nada causa mais bem-estar a um taurino que observar *seu* canceriano tirando uma soneca no sofá *deles*, na casa que *eles* acabaram de comprar. Nada diverte mais um canceriano que saber que ela vai estar todas as terças-feiras exatamente na esquina daquele sofá macio e do aparelho de vídeo.

Touro e Leão

Um Touro sem o seu cenário aconchegante (e, se possível, belo e caro) é um peixe fora d'água. Um Leão sem palco apropriado é um rei sem súditos. Conclusão: o Touro fornece um ambiente primoroso para o Leão passear satisfeito sua juba. Serão aquele casal que todo mundo vai dizer que foram feitos um para o outro. Suas festas serão comentadas muitas ressacas depois, o menu de seus jantares copiado até pelo pior inimigo, a trilha sonora de seus *brunchs* procurada em toda loja de disco. É brilho, brilho e mais brilho – desde que alguém consiga pagar a conta.

Touro e Virgem

Aqui é solidez, solidez e mais solidez. Se não tiverem entrado para um consórcio de carros, juntos, seis meses depois de se conhecerem, quitado a primeira prestação da casa própria dois meses antes de se casarem e começado a obra do sítio um ano depois de casados, podem desistir.

Nada manterá o equilíbrio da relação. O Touro será sacudido por acessos de desejo incontrolável (não importando muito do quê) e o virginiano vai despejar sobre ele terríveis acusações sobre a hipoteca da casa.

Touro e Libra

Na pior das hipóteses, devem ser sócios num antiquário. Ou numa empresa de relações-públicas. Ambos são ligadíssimos em artes em geral, inclusive a arte da persuasão. Se forem felizes, freqüentarão juntos todas as mostras de cinema, exposições e leilões. Coquetéis também, mas aí algumas divergências podem se manifestar. O Touro só irá ao coquetel se o uísque for de primeira linha. O libriano irá para ver e ser visto, e, se possível, impressionar, com comentários sedutores, o artista homenageado. Como o Touro não é muito chegado a joguinhos de sedução, vai interpretar de maneira lastimável os modos librianos.

Touro e Escorpião

Sensações intensas é com eles. Uma relação recomendável, em geral, só até os trinta anos. Após esta idade, já se sabe que Drácula é melhor na tela que em casa: é um tal de querer o outro a todo minuto, que mal sobra tempo para respirar. O magnetismo entre o sensual Touro e o sexual Escorpião é tamanho, que atração fatal é brincadeira. Se der certo, porém, isto é, se ambos chegarem a um pacto de não-agressão cada vez que o outro der uma olhadela para a mesa ao lado, não há força humana ou divina que os separe.

Touro e Sagitário

Ninguém é mais previdente que um taurino. Ele tem uma poupança para caso de doença, outra para a universidade do filho de dois anos, uma terceira para trocar todos os estofados da casa, e ainda uma quarta e quinta para qualquer imprevisto. Ninguém é mais imprevidente que o Centauro, ou mais avoado com a contabilidade pessoal – um sagitariano nunca lembra ao certo qual é o seu salário. Portanto, ou o Touro se conforma e financia algumas aventuras sagitarianas – podendo até tomar gosto nelas – ou o casal jamais abre uma conta conjunta, e se restringe a encontros esporádicos.

Touro e Capricórnio

Se a combinação Touro-Virgem era solidez, esta é solidez mais sala VIP. A sociedade entre eles é a mais séria possível, aquela história dos dois olhando na mesma direção, mesmo: na direção de um carro último tipo, de viagens duas vezes por ano para Paris, de uma posição de destaque na empresa ou do título do clube mais fechado do país. Vão ser extremamente fiéis um ao outro – qualquer tropeço poria a perder não só o romance, mas um investimento enorme em projeção social.

Touro e Aquário

O aquariano tem horror a espaços fechados, especialmente se decorados como se fossem o cenário de um shopping center. O Touro vibra se puder acordar e passar o dia trancado num destes ambientes. O aquariano não tolera nem a pergunta de praxe "como foi seu dia?", porque, afinal, ninguém tem nada a ver com o que ele andou fazendo durante o dia. O Touro vai querer um cronograma detalhado das atividades do parceiro das 7h30 às 22h. O carro ideal de um Touro é um Rolls Royce, do aquariano uma espaçonave Pioneer, se possível com freio de aterrissagem em Marte. Todo revolucionário, porém, tem uma certa queda pelos conservadores. E vice-versa.

Touro e Peixes

Audrey Hepburn nos braços de King Kong – um King Kong, é claro, metido num terno de casimira inglesa e com sotaque *high class*. King-Touro vai se comportar como um perfeito *gentleman*, conseguindo inclusive refrear seu impulso natural de apertar Audrey-Peixes demais entre os braços. Audrey-Peixes se sentirá protegida e amparada e os dois viverão o mais romântico dos casos, com a lua permanentemente cheia e uma orquestra invisível tocando ao fundo. Têm toda uma vida pela frente, antes do Touro descobrir que Audrey não sabe cozinhar.

Como manter o caso firme

(E Agüentar as Conseqüências)*

Sogra

Competir com ela, jamais. Mesmo que você conheça de cor a cozinha televisiva de Jamie Oliver, não há pato à Pequim que supere a doce memória do sanduíche que ela preparava para o seu Tourinho toda noite, antes de dormir. Não se precipite, portanto, pedindo para ser apresentada. Suas armas são outras, e

* V.P.A.S. (Vale para ambos os sexos)

estão guardadas no closet, não na cozinha. Lembre-se sempre de que se há uma coisa que o Touro prefere a uma boa refeição é uma mulher digna das passarelas de Karl Lagerfeld. Portanto, nada de bijuterias extravagantes, mínis justas e biquínis minúsculos – pérolas, um longo preto e maiô inteiro vão fazê-lo esquecer o quanto seu molho *al pesto* fica a dever.

Casa

O Touro é um PhD para problemas domésticos e cotidianos. Não há nada que você possa sugerir – um novo revestimento para as poltronas, uma nova pintura no quarto – que ele já não tenha pensado e posto em ação. Só tome cuidado para não ficar tirando do lugar aquela estatueta que lhe custou mil dólares: ele é muito ciumento com seus objetos de arte. No momento, aliás, em que ele começar a tratá-la como um deles (tão rara, insubstituível e exclusiva quanto a estatueta ou aquela escrivaninha do século 18), é porque já está perdidamente enamorado.

Os meus, os seus, os nossos

Taurinos têm um senso familiar muito arraigado, e só se divorciam em último caso. Divorciar-se de um deles, inclusive, é sempre desaconselhável – eles vão negociar duro cada centímetro das propriedades comuns, e acabarão sempre com dois terços dos bens do casal. Se o seu Touro já veio com o pacote ex-mulher e filhos, fique tranqüila: ele rapidamente providenciará uma nova leva de filhos com você, e juntará as duas equipes todo fim de semana para excursões às sorveterias, docerias, rotisserias, pizzarias, etc., etc.

Amigos

Os dele serão poucos e bons. Com todo o apetite que o Touro tem para encontros sociais, na hora de escolher os amigos prefere aqueles absolutamente confiáveis, conhecidos de longa data. Tratamento preferencial, portanto, aos amigos de infância dele. Quanto aos seus amigos, ele aceitará todos, desde que pratiquem as regras fundamentais do bem-viver, isto é, comer, beber e divertir-se.

Brigas

Evite-as a qualquer custo. O Touro detesta dispêndio extra de energia, e envolver-se em acaloradas discussões dá sempre trabalho. Além disso, seu senso de humor tem limites, e, se ele custa a responder a um comentário sarcástico, quando o faz não é com palavras, mas com gestos bem incisivos, como quebrar pratos ou sumir de casa por uns dias. Jamais enfureça um Touro – ele tem mais memória que um elefante e guardará rancor pelo resto da vida.

O esporte sob medida

Futebol, sem dúvida: assistido pela TV, com o Touro confortavelmente instalado com um copo de cerveja e um pacote de pipocas. Quase todo esporte, aliás, desde que televisionado, pode agradar ao Touro. Praticar, mesmo, só aqueles intermináveis *puzzles*, que levam meses para serem montados. A proverbial paciência taurina transforma-o num campeão em quebra-cabeças – eles conseguem encaixar com precisão até a última peça, mesmo que passem meses só fazendo isso. Como atividade física, a única que o seduz completamente é a jardinagem: plantando canteiros de azaléias o Touro estará em contato com seu elemento vital, a terra. Jamais convide-o para uma partidinha de xadrez, mas por motivos diversos do ariano. É que o Touro não tem grandes instintos competitivos, e vai dormir em cima do tabuleiro.

Como, quando e para onde viajar

O Touro não é um perdulário. Suas viagens, portanto, são sempre bem planejadas na calculadora eletrônica. O roteiro ideal é aquele que satisfaz pelo menos dois de seus cinco sentidos. Pode ser um giro pela região francesa dos vinhos Bordeaux, onde, entre um gole e outro, ele aproveite para encher os olhos com a arquitetura dos castelos medievais. Ou umas férias no interior de Minas, em que ele se esbalde degustando o barroco e o tutu à mineira. Ou um *weekend* gastronômico, acompanhado de um concerto de oboé. Qualquer que seja a escolha, o importante é que o Touro nunca se prive, em suas viagens, de dois prazeres fundamentais: oito horas de sono e mesa farta.

Roteiros acima de qualquer suspeita

Se ele estiver disposto a gastar, Nova York oferece os melhores restaurantes, espetáculos e antiquários. Se ele estiver em fase de contenção de despesas, a pedida será sombra, água fresca e a generosa culinária do sítio de um amigo. Ou a gaúcha Gramado e seus incomparáveis chocolates. Desde que ele não caia nas mãos de um *chef* modernoso com suas porções minúsculas, Paris pode ser uma festa.

Kit de viagem

Apenas o necessário para estar sobriamente elegante em qualquer lugar, numa praia nudista ou no bar do Ritz. Se faltar uma ou outra peça básica, o Touro vai exultar, silenciosamente: é a chance esperada para visitar a liquidação daquela fantástica loja, de onde ele sairá abarrotado de pacotes.

Moda Touro

É aquela que passa de pai para filho: o clássico sempre alinhado, incólume às variações ditadas pelas passarelas. Extravagâncias como poás misturados com listras, roxo combinado com laranja ou brincos que caem até os ombros nem lhe passam pela cabeça. Mesmo o Touro mais estilizado prefere o convencional. Entre um relógio *Patek-Phillipe* que vai atravessar gerações (o filho, o neto, o bisneto) e uma dúzia de reloginhos Nike último tipo, ele vai ficar com o primeiro.

Noitadas e comilanças

Sim, o Touro foi feito para os prazeres da carne. Mas, no que diz respeito ao menu, ele prefere pratos em que o sabor principal não fique oculto sob camadas e mais camadas de molhos. Ele gosta de codornas, e basta – não codornas mascaradas com alho, salsa, pimenta, estragão, manjerona, etc., etc. O mesmo vale para os doces: um crepe que tenha gosto do seu recheio, não das camadas de chantilly que o soterram. Não adianta levá-lo ao restaurante mais caro da cidade. Ele não vai se impressionar com o serviço ou a decoração. É melhor convidá-lo para jantar naquele bistrô em que você conhece o *chef*, onde ele terá chances de trocar idéias com o cozinheiro sobre o ponto exato do *soufflé*. Seu bar preferido será aquele onde o Touro já tem uma garrafa de uísque separada, com seu nome no rótulo. Festas, ele adora, sobretudo as chiques e pouco barulhentas.

A biblioteca do Touro

Nada de misticismos, *new age*, astrologia, cristais que curam e coisas do gênero. O Touro é muito terra-a-terra para leituras esotéricas. Por esta mesma razão, ele nunca vai ler com gosto Marx ou Freud, apesar destes dois terem sido taurinos – os Touros que vieram depois preferem algo mais sólido para saborear. O livro de cabeceira é *O amante de lady Chatterley*, de D. H. Lawrence: todo Touro sonha ter o seu dia de guarda florestal que seduz a bela e negligenciada senhora.

A videoteca do Touro

James Bond em *Os diamantes são eternos*, pois todo taurino se identificaria com a filosofia do filme.

Qualquer um dos elegantes filmes de Alfred Hitchcok.

Mulheres à beira de um ataque de nervos e os primeiros filmes de Almodóvar.

Dr. T e as mulheres

Encontros e desencontros

Chocolate

A doce vida, de Fellini

Assassinato em Gosford Park

A guerra dos dálmatas

Para aqueles Touros que freqüentam cinematecas, aconselha-se ver e anotar *A festa de Babette*.

O presente que vai derretê-lo

Perfumes: extratos franceses, colônias florais, óleos de fabricação caseira. Ou anéis antigos, canetas antigas e tudo que você puder encontrar num antiquário. Se o dinheiro está curto, uma caixa de marrom glacé é o melhor achado.

O Touro levaria para uma ilha deserta

Ele: Penélope Cruz, tinindo de jovem.
Ela: o madurão Sean Connery.

Gêmeos

Penso que penso, logo existo.
(Provérbio geminiano)

20/05 a 20/06

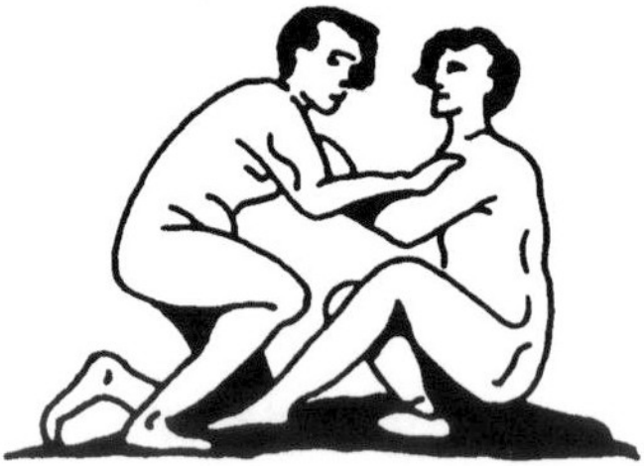

De manhã, você pegou uma conversa entre seu sócio e um camarada muito empertigado, que expunha com ares de sabichão as inúmeras vantagens da instalação de um novo equipamento a laser na empresa. Acidentalmente, este mesmo camarada estava sentado na mesa ao lado, quando você foi tomar seu chope de fim de tarde – só que parecia ser outra pessoa, pois atacava de piadas de papagaio com a ginga de um malandro carioca. E não é que na manhã seguinte, por acaso, você cruza com este mesmo indivíduo na porta da escola das crianças, e ele está pacientemente arrumando a mochila do filho e fazendo uma preleção sobre a falta de educação que é ficar contando piadas de português para a professora. Você vai pensar que está tendo miragens, ou que o tal camarada tem vários clones espalhados pela cidade. Bobagem. O doutor esnobe, o piadista escrachado e o pai cheio de dedos são uma única e mesma pessoa: um camaleão geminiano.

O velho adágio "*la donna è mobile*" pode ser aplicado à perfeição aos homens, mulheres e crianças de

Gêmeos: eles são seres voláteis por natureza, que mudam de postura e opinião com a mesma sem-cerimônia com que mudam de roupas, hobbies, simpatias e antipatias. E não é porque eles não saibam o que querem – é que não conseguem se decidir entre tanta coisa que o mundo oferece e, na dúvida, decidem-se por tudo. O próprio mito relativo ao signo, dos irmãos Castor e Polux, filhos de Zeus (disfarçado de cisne) e da mortal Leda, explica tudo: o geminiano é um caso de dupla personalidade crônica, ou, na mais emocionante das hipóteses, de múltipla personalidade, mesmo.

"Conquiste um geminiano e você terá na mão dois ou três namorados."

O geminiano é regido pelo planeta Mercúrio, o mais esperto e inquieto dos corpos celestes. Isso lhe dá, além da personalidade camaleônica, a capacidade de fazer mil e uma coisas ao mesmo tempo, com um pé nas costas. Aquele senhor mencionado acima, por exemplo, é capaz de ler jornal, atender nove telefonemas, ditar uma carta comercial e revisar os originais de seu livro de memórias simultaneamente, e isso no espaço de quarenta minutos. E de falar com desenvoltura sobre qualquer assunto, das últimas do Dalai Lama às últimas cotações da Bolsa de Tóquio. Pode ser que diga uma ou outra mentirinha sobre a fuga do Dalai do Tibet, ou certas invencionices sobre a flutuação das ações. Não tem importância – o geminiano não mente de propósito, apenas sofre de excesso de imaginação. Ele será sempre mais caleidoscópico do que a monótona realidade.

TERAPIAS PARA UM GEMINIANO À BEIRA DE UM ATAQUE DE NERVOS

O esgotamento nervoso, para um geminiano, geralmente não provém do stress, mas da falta dele. A superatividade lhe dá equilíbrio e paz de espírito, enquanto o tédio, esse sim, é capaz de tirá-lo dos eixos. Obrigue um geminiano a deitar na rede e ouvir música oito horas por dia e ele terá um tremendo surto psicótico. Surtos, porém, não são muito comuns – o problema mais constante da gente de Gêmeos é a insônia, provavelmente porque eles acham que dormir é perda de tempo. Uma excelente terapia, nesse caso, é a caminhada peripatética, como aquela que o filósofo Aristóteles vivia fazendo com seus discípulos: para isso basta encontrar um ouvinte atlético e convidá-lo para andar no mínimo cinco quilômetros por dia, aproveitando para discorrer sobre as últimas idéias a respeito de política nacional, conflitos nos Bálcãs, a condição da mulher no Islã ou a dieta da lua. Falando (e andando) sem parar, o geminiano está absolutamente na dele.

Como os geminianos são curiosos por natureza, pode ser que queiram freqüentar um consultório, para xeretar a técnica usada pelo terapeuta. Só não convém procurar um daqueles psicanalistas ortodoxos – além de sair com as pernas dormentes porque foi obrigado a deitar-se duro e teso num desconfortável divã, o geminiano ainda sairá furioso porque abomina dogmatismos e ouvir lenga-lengas sobre sua "resistência à analise". Ele resiste, no duro, a ouvir o que não quer. Por isso, uma análise lacaniana vem mais a calhar. Primeiro, porque um analista lacaniano raramente fala. E quando o faz, é exclusivamente com jogos de palavras. Mesmo pagando, este jogo pode compensar: alguns analistas lacanianos produzem os mesmos efeitos de um curso na Aliança Francesa, já que a maioria de seus jogos de palavras só fazem sentido na língua de Asterix, o gaulês.

"Presenteie-o com um copo que gela sozinho mesmo que ele esteja precisando de talheres."

Mais econômica, porém, é a fofocaterapia. Absolutamente sem contra-indicações para os geminianos, que a praticam regularmente, com fins terapêuticos ou não, a fofocaterapia tem tudo que a análise lacaniana oferece, com a vantagem de que suas sessões são mais longas, e o geminiano pode ser dispersivo o quanto quiser que ninguém vai chamar-lhe a atenção. Nesse particular, as mulheres de Gêmeos levam vantagem sobre os homens, porque já têm à disposição uma instituição pronta a aplacar suas angústias a qualquer momento: o cabeleireiro, aquele profissional maravilhoso que escuta todos os pormenores de sua vida íntima, dá palpites curtos e certeiros, e ainda melhora seu visual.

Tipos ideais

(Como se ajeitar, com o maior conforto possível, com cada representante do zodíaco)

ALERTA! *(vale para ambos os sexos)*

Nunca se aborreça se ele não chegar na hora marcada – os geminianos são rigorosamente impontuais, mas têm uma lábia tão fantástica que você vai sempre aceitar suas desculpas. A reputação do geminiano não é das melhores, mas há muito de calúnia nisso. Dizem que eles são inconstantes, imprevisíveis, volúveis. São mesmo, mas e daí? São também os melhores namorados do zodíaco. Quem, senão um geminiano, é capaz de entregar-lhe uma carta longuíssima e ardorosa, mais uma caixa de bombons licorados e uma promessa escrita a lápis de fidelidade eterna, no dia seguinte a um cano monumental? A carta é tão verdadeira quanto os bombons – aceite ambos.

É claro que, se você pretende uma companhia estável, segura e serena (e sem nenhum *frisson*), é bom manter distância. Mas se você é apenas o último dos românticos, o geminiano, com sua pinta de eterno namorado, será perfeito. Não se desespere se ele, chegando com você numa festa, largá-la no meio da sala e disparar em direção àquela morena de proporções acintosas. Ele vai gastar seu latim a noite toda, mas nem se interessará em anotar o telefone da beldade. E sairá acompanhado por você. O geminiano flerta, mas não avança.

"*Foi um geminiano que inventou a* happy hour."

Portanto, se sua meta é conquistar um geminiano, não se assuste nem reclame da mania que eles têm de borboletear. Borboleteie você também, e quanto mais excêntrica e insólita se mostrar, melhor. Você estará ganhando mais que um namorado, marido ou amante: terá na mão dois ou três, já que cada geminiano tem ao menos duas distintas personalidades para serem devidamente saboreadas.

Combinações possíveis

As melhores

Gêmeos e Áries

Um adora falar, e o outro morre de impaciência para ir aos fatos. O momento mais delicado da relação será quando o geminiano estiver pendurado horas no telefone enquanto o Áires espera do lado de fora com o carro ligado.

Gêmeos e Touro

Bastante viável, se eles seguirem duas recomendações. Primeira: que o geminiano aprenda a tourear a possessividade de seu parceiro, que vai querer controlar não só seus horários, como o saldo bancário. Segunda: que o taurino não dê muita bola para a instabilidade geminiana e não ligue a mínima quando Gêmeos declarar "acho que não te amo mais", o que ocorrerá religiosamente duas vezes por semana.

Gêmeos e Gêmeos

A vida a dois será como num harém. Dada a múltipla personalidade dos geminianos, na segunda-feira eles vão se comportar como um par de adolescentes, na terça como príncipe e donzela, na quarta como um casal de apaches, na quinta nem vão dar bola um para o outro, na sexta agirão como se estivessem se vendo pela primeira vez. O sábado e domingo ficam por conta da fantasia de cada um.

Gêmeos e Câncer

O geminiano vai querer discutir as últimas teorias *new age* sobre a regressão a vidas passadas, mas o canceriano vai insistir em relembrar sua passada infância, e correrá até o armário para buscar o álbum de fotos do ginásio. O geminiano pode se tornar mordaz e sugerir que se interessa mais pelo Dalai Lama do que pela mãe dele. O canceriano pode se chatear e partir para a greve de silêncio. Cabe ao Gêmeos, portanto, mudar de tema, escolhendo de preferência algum assunto de família.

Gêmeos e Leão

Gêmeos adora não só blefar, como às vezes fazer comentários um tanto inoportunos. E quando ele declarar candidamente ao Leão que aquela roupa lhe cai terrivelmente mal, ouvirá um rugido ensurdecedor. O Gêmeos só falou por falar. O Leão terá ouvido uma ofensa imperdoável, uma afronta inadmissível, e se recusará a sair de casa. Com os leoninos, é preciso ter muito cuidado com a língua. Apesar do Leão ser o único capaz de fazer do geminiano um devoto adorador, talvez exatamente pelo inusitado dos rugidos.

Gêmeos e Virgem

A história da cigarra e da formiga numa versão intelectualizada, já que ambos são regidos por Mercúrio. A cigarra geminiana vai se interessar um pouquinho por tudo, enquanto a formiga virginiana se concentrará na leitura de manuais de computação. No final do ano, o virginiano estará empregado com um ótimo salário e o geminiano será um especialista em orquídeas selvagens, teatro de revista e Oriente Médio. Um casal equilibrado, portanto: um traz o dinheiro para casa, o outro, as amenidades.

Gêmeos e Libra

Viverão numa eterna lua-de-mel. Ambos são desembaraçados, bem-falantes, ultra-apresentáveis, animadores de festas, maníacos por novidades, fissurados por conhecer gente, esbanjadores de charme e incapazes de ficar sozinhos. Foram feitos um para o outro, e ambos para passar pela vida como se ela fosse um musical da Broadway. Os problemas podem surgir se pintar algo mais corriqueiro, como um aumento no condomínio. Mas eles vão fingir um para o outro que ninguém viu a conta do mês.

Gêmeos e Escorpião

Gêmeos pega leve, Escorpião vai fundo. "Onde você esteve até essa hora?", pergunta o Gêmeos ao Escorpião, que chegou tarde exclusivamente para provocar uma crise de ciúmes no parceiro. "Por aí", responde o Escorpião, torcendo para que Gêmeos atire uma garrafa nele. "Ah, que ótimo – diz Gêmeos aliviado –, eu acho que você estava mesmo precisando chegar tarde algumas noites, porque assim me sobra mais tempo para fazer aquele curso de inglês." O Escorpião terá que sublimar sua natureza passional matriculando-se num curso de alemão.

Gêmeos e Sagitário

Pode ser o máximo, se o Sagitário entender que não há nada de estranho no seu companheiro geminiano ser um socialista convicto e, ao mesmo tempo, um especulador imobiliário. Ou um naturista inveterado que fuma dois maços de cigarro por dia. Sagitário não tem lá muito jogo de cintura, e Gêmeos tem todos. Sagitário nasceu cheio de princípios, Gêmeos veio ao mundo para relativizá-los. Mas se o Sagitário conseguir reduzir as 400 metas de Gêmeos para quatro ou cinco, e Gêmeos ensiná-lo que não há nada como um dia depois do outro, eles serão felizes para sempre.

Gêmeos e Capricórnio

O sério e compenetrado Capricórnio precisa de silêncio e introspecção para resolver seus problemas – e quase tudo na vida dele, inclusive o modelo de carro que vai comprar, é um problema. O irrequieto Gêmeos vai andar de um lado para outro, folheando jornais, tirando livros da estante, contando as últimas e anunciando da porta aberta da cozinha que tem uma peça nova que eles não podem perder esta noite. Aconselha-se ao Capricórnio um curso de meditação, para que ele entre em alfa nestes momentos e não enlouqueça. Vale o esforço, pois sem Gêmeos sua vida pode ficar ainda mais pesada.

Gêmeos e Aquário

São almas gêmeas para quase tudo, exceto uma ligação romântica. Poder namorar, eles podem, resta ver se vão querer. Pois estarão tão embriagados com a fantástica argumentação um do outro, com os autores que ambos adoraram na faculdade, e com a mútua agilidade mental, que provavelmente vai sobrar pouco espaço para gestos mais irracionais. Serão amigos para sempre. E, se conseguirem reduzir a monopolizadora afinidade mental, podem vir a ser algo mais.

Gêmeos e Peixes

Aqui é exatamente o inverso. Se não fossem ambos signos maleáveis, nem se aproximariam. Pois o pisciano é capaz de interromper o geminiano no meio do seu melhor discurso para pedir só mais um beijo.

O Gêmeos vai perder o fio da meada e ficará exasperado com esta mania de misturar argumentos e beijinhos, sem o intervalo apropriado. O Peixes vai achar que seu parceiro é um freezer último tipo. Mas não é, não: é que, apesar de toda sua versatilidade, o Gêmeos precisa de uma certa educação sentimental.

Como manter o caso firme

(E agüentar as conseqüências)*

Sogra

Você não terá o trabalho de enfrentá-la: quando um geminiano quiser jantar na casa da mãe, basta propor-lhe um programa alternativo, como uma palestra sobre ovnis ou o mais recente filme de vanguarda chinês. O geminiano detesta rotinas, e nada é mais rotineiro que o macarrão da *mamma*. A não ser naqueles casos em que a sogra é a melhor amiga do filho e dona de uma conversa tão ágil e variada quanto a dele. Também aí não há motivos para preocupação: os dois vão tagarelar a noite inteira e se esquecerão de você. Mesmo no caso de uma sogra castradora, daquelas que ficam inspecionando os pratos na pia e o vinco dos colarinhos, não há o que temer. Quando ela perguntar "mas afinal, meu filho, com quem você se casou?", ele tomará a pergunta ao pé-da-letra, descobrirá que não sabe respondê-la, e você voltará a ser o enigma que o seduziu desde o princípio.

Casa

Não há casa ideal para o Gêmeos, assim como não há mulher ideal ou emprego ideal – os ideais mu-

* V.P.A.S. (Vale para ambos os sexos)

dam constantemente. Mas sua casa, se não é o seu castelo (como para o Touro), muito menos seu refúgio (como para o canceriano), não deixa de ser um ótimo lugar para o que ele mais gosta: juntar gente e jogar conversa fora. Leve os seus amigos, colegas de escritório, turma da ginástica para a casa dele, que todos serão bem recebidos. E de vez em quando chegue com um presente absolutamente insólito, como um copo que gela sozinho, por exemplo, mesmo que ele esteja precisando de novos talheres.

Os meus, os seus, os nossos

"Os meus são meus; os seus, seus, e os nossos, nossos" – nada mais normal. O geminiano é especialista em mais de um casamento, e em se desapegar muito depressa se a ocasião exige. As vantagens disso são imensas: ele dificilmente será bígamo, porque prefere trocar de parceiro a acumulá-los, e nunca vai reclamar se você trouxer seus quatro filhos junto. Ao contrário. Com sua invejável disposição, Gêmeos vai se entender melhor com eles que com você, e não se espante se ele ainda estiver acordado com as crianças quando você desmaiar de exaustão, no domingo.

Brigas

É quase impossível tê-las com um geminiano. Eles detestam descontroles emocionais. Adoram, porém, uma troca de alfinetadas, e nessa modalidade são os campeões. Nunca o desafie para um duelo de palavras, porque você sairá humilhado. Nem mesmo naquelas ocasiões (inúmeras) em que ele prometeu tirar férias e desistiu no último minuto. Um geminiano raramente mantém a palavra, mas isso é perfeitamente contornável, pois ele pode ser convencido – com bons argumentos – a voltar ao compromisso original.

Amigos

Quanto mais variados, melhor. Amigos são, para ele, vitrines ambulantes de novas idéias – e um geminiano precisa sempre reciclar seu guarda-roupa mental. Apresente-lhe todos os tipos exóticos e falastrões com quem você cruzou na vida. Apenas uma cautela: a amizade colorida pode atraí-lo, então evite apresentar-lhe tipos exóticos e bonitões.

O esporte sob medida

Sempre dois ou três, e completamente diferentes um do outro. Um metódico, outro mais impulsivo: *bridge* e *surf*, por exemplo. Ou um trepidante e outro quase levitando: *squash* e asa-delta. É fundamental que o geminiano leve a sério qualquer esporte ou hobby, para que não comece a encarar o trabalho como um esporte, enjoe depois de dois meses e peça demissão. É sempre mais fácil mudar de academia de ginástica que de emprego. Dono de uma invejável destreza manual, Gêmeos nunca fará feio numa quadra de vôlei, tênis ou basquete. Mas de tudo, tudo, o que ele mais gosta é de um joguinho de palavras – proponha um campeonato de trocadilhos ou citações, e verá seu geminiano nas nuvens.

Como, quando e para onde viajar

Viajar é, por definição, um estado de espírito do geminiano. Ele está sempre viajando em seus pensamentos, de divagação em divagação. Quando se trata de deslocamentos geográficos, seus caprichos variam:

pode ser o triângulo mineiro ou o triângulo das Bermudas, desde que não se fique muito tempo em nenhum dos dois. O estilo de viagem ideal para um geminiano é aquele que os japoneses estão difundindo pelo mundo todo: dois dias em Paris, três em Londres, uma tarde em Roma, um pulinho a Lisboa e, para encerrar, um fim de semana em Istambul – fotografando e filmando enlouquecidamente todos os monumentos que passarem pela frente. O difícil, na volta, será saber que torre é aquela que aparece na foto digital nº 128, se a torre de Londres ou a Mesquita Azul – foi tanta coisa em tão curto espaço de tempo que ele já terá esquecido.

Roteiros acima de qualquer suspeita

Nunca uma praia deserta. Jamais uma ilha paradisíaca servida por um único barco, uma vez por semana. Em hipótese nenhuma um chalé perdido nas montanhas. Gêmeos precisa de movimentaçao, e de um cenário onde sua atenção possa pulular de um canto para outro. Leve-o a Marrakesh ou Las Vegas: num *sukh* árabe, aqueles mercados barulhentos e confusos, ou na balbúrdia de um cassino, ele se sentirá feliz e estimulado.

Kit de viagem

Livros e dicionários são indispensáveis. O geminiano é excelente em línguas, tanto que pode aprender as várias declinações do alemão após dois dias em Munique, mas nunca se sabe se ele não vai resolver se mandar para a Hungria na manhã seguinte, o que tornará o dicionário inglês-húngaro um artigo de primeira necessidade.

Moda Gêmeos

Vintage, new hippie, grunge, bon chic-bon genre, andrógina, *country*, vale tudo, menos a caretice. O geminiano é mimético por natureza e estará à vontade em quaisquer trajes. Mais que isso, vai sempre parecer jovem, envergando um *tweed* ou calças furadas nos joelhos. E vai dar a mesma impressão de estar se divertindo muito com seu papel, seja de homem de negócios ou pintor neo-expressionista.

Noitadas e comilanças

Pena que as tertúlias litero-musicais tenham saído de moda – os geminianos seriam seus freqüentadores mais assíduos e brilhantes. A noitada certa para eles não precisa ser regada a comida e bebida: basta um apetitoso assunto. Eles trocariam de bom grado um jantar no *Près Catellan* por um papo com um astrônomo ou astrólogo. Foi um geminiano, certamente, quem inventou a *happy hour.*

A biblioteca do geminiano

Vale tudo, de Platão a um *phrase-book*, com a voracidade que eles têm por palavras. Devoram biografias, romances, revistas ilustradas, mitologia, história das civilizações, psicologia. Apenas dois gêneros literários devem ser evitados: o suspense e as teses acadêmicas. O suspense, porque o geminiano não vai agüentar de curiosidade e pulará direto para as últimas páginas, em busca do criminoso. As teses acadêmicas, porque o mundo é muito variado e interessante para se perder tempo com um único assunto. Jornais e revistas são seus livros de cabeceira, as únicas obras capazes de sintetizar tal amplitude de interesses.

A VIDEOTECA DO GEMINIANO

O previdente Bond sempre vem com artefatos extraordinários, tipicamente geminianos. Seu carro se torna invisível, seu isqueiro detona prédios, sua pasta é um arsenal para qualquer eventualidade e sua disposição sexual, infinitamente eclética.

Todos os filmes de Woody Allen.
Farernheit 911
Chicago
Traffic
O terminal
Meu tio matou um cara
Entre dois amores

Para Gêmeos de cinemateca, recomenda-se praticamente tudo, com o apetite que eles têm por pré-estréias e sessões nostalgia.

O PRESENTE QUE VAI DERRETÊ-LO

Montanhas de livros, sobre os assuntos mais variados possíveis. Ou um cheque em branco para ele preencher na livraria de sua escolha.

GÊMEOS LEVARIA PARA UMA ILHA DESERTA

Ele: um bote inflável acoplado a Gisele Bundchen.
Ela: um chalé pré-moldado, totalmente informatizado, acoplado a Leonardo di Caprio.

Câncer

Não posso viver sem meu cobertor.
Não se pode enfrentar a vida desarmado.
(Máxima canceriana)

21/06 a 21/07

Eles são sensíveis, sensatos, solícitos e vivem em busca do tempo perdido. É fácil notá-los, e encantar-se à primeira vista: abrirão portas e puxarão cadeiras se forem Caranguejos-machos, ou se oferecerão para consertar aquele abajur quebrado, se forem Caranguejos-fêmeas, enquanto lhe contam o quanto, mas quanto mesmo, foram felizes na infância. O canceriano é um idealizador do passado, e para ele nunca houve época mais feliz que a época do ginásio, ou aqueles meses em que ele passava as férias com todos os primos, no sítio do avô, ou aquele dia muito particular em que ganhou a primeira bicicleta. Pode até não ser verdade – mas o conceito de verdade, para um canceriano, é totalmente sentimental. Esta é a marca registrada deste signo de água, regido pela Lua: eles são movidos a sentimentos. Realidade, para eles, é o que eles sentem, e nenhuma análise fria, objetiva e matemática dos fatos vai convencê-los do contrário.

Não adianta, por exemplo, insistir que é melhor pegar uma ponte aérea para passar o fim de semana no Rio, em vez de perder oito horas na Dutra e desmaiar de cansaço no sábado e domingo, se eles "sentem" que o avião pode cair. Eles são tão amáveis e corteses que às vezes se demora para perceber o quanto são refratários a sugestões. Não ouse perguntar por que eles não vão ao teatro, se a última peça a que assistiram foi em 1995 e as coisas evoluíram um pouquinho desde então. "Não vou porque não vou", ele lhe responderá, provavelmente porque sente algo absolutamente incomunicável. "Porque sim" e "porque não" são as expressões mais freqüentes do repertório do Caranguejo.

"Não ouse tocar naquela gaveta onde ele guarda o álbum de fotos, a coleção de conchinhas, velhas cartas..."

É que ele, apesar de conservador, é também um cara de lua. Suas opiniões variam barbaramente, indo num mesmo dia do grau zero ao grau máximo da escala Richter de emotividade. A instabilidade do Caranguejo, porém, não tem nada a ver com a volubilidade do geminiano: enquanto aquele borboleteia entre duas idéias, este oscila entre vários humores. Mas seus ataques de melancolia passam tão rápido quanto vieram: basta que você ofereça um pouco de colo e ele terá de volta tudo de que mais necessita, isto é, segurança, segurança e segurança.

TERAPIAS PARA UM CANCERIANO À BEIRA DE UM ATAQUE DE NERVOS

Os achaques mais comuns do Caranguejo são stress, gastrites de origem depressiva e enxaquecas tremendas toda vez que o mundo não o acolhe como deveria, e por isso ele exagera no uísque. Recomenda-se, além de uma certa moderação etílica, um pouco de terapia junguiana. Desde que o terapeuta o receba com açúcar e com afeto, e não com aquela sanha incontrolável de extrair-lhe todos os segredos. O canceriano abomina abelhudos, embora esteja sempre disposto a relatar passagens de sua infância. Um freudiano não é recomendável, pois, apesar de pronto a ouvir histórias antigas, vai tentar se meter entre ele e a mãe. Já um analista junguiano, mais *soft* e craque em símbolos e arquétipos, pode auxiliar o Caranguejo a se acomodar melhor na sua concha, sem ter que desfazer-se inteiramente dela. Aliás, se há algo que o canceriano não tolera é desfazer-se de coisas – antes um Caranguejo em paz com suas neuroses familiares que totalmente desprovido delas. Retiros programados também podem ser uma boa pedida, mesmo porque eles já os praticam naturalmente, nos dias em que resolvem não atender ao telefone nem abrir a porta da casa. Um fim de semana escondido num hotel-fazenda ou encaramujado dentro de casa repõe suas energias. Depois de algum tempo na toca, ele volta a toda. Demonstre uma certa condescendência com suas crises, mas nunca tenha pena dele. O Caranguejo é um *expert* em chantagens emocionais, e se você se deixar convencer de que o problema dele é mesmo sério, ele pode ficar influenciado e também acabará se convencendo – e é capaz de entrar em crise de verdade.

Tipos ideais

(Como se ajeitar, com o maior conforto possível, com cada representante do zodíaco)

ALERTA! *(vale para ambos os sexos)*

Se você ainda não apanhou seu Caranguejo, mãos à obra: ele é tido como o melhor partido do zodíaco, alguém para quem o casamento é o mais confortável dos sacramentos. Câncer nunca lhe deixará desamparada no meio de um comício, plantada num encontro marcado, ou sozinha em casa num dia de chuva. E mais: você não terá a menor notícia de seus ex ou futuros amores, porque o canceriano é um modelo de discrição, jamais alardeando suas conquistas. Ele também não é muito atirado – o primeiro passo, portanto, cabe a você. Mas não comece com largas passadas, que podem afugentá-lo. Rodeie, rodeie, elogie o corte de suas roupas, peça para ver seus boletins escolares e sorria com alguma timidez. Comporte-se à moda antiga. Jamais entre em polêmicas, mesmo sobre buracos negros, porque você corre o risco de ser mal interpretado. Críticas, então, nem pensar – ele toma tudo muito pessoalmente. Se tiver que falar, fale sobre os anos dourados, sempre no passado, ou sobre o retrato a óleo do seu bisavô. O Caranguejo só vai estar no ponto quando estiver mil por cento seguro de que não será rejeitado. Ele é um parceiro encantador para a vida toda, o homem ou mulher que você sempre quis botar dentro de casa. Um pouco mais difícil será convencê-lo de que a família que vocês constituíram vem antes daquela outra, formada por sogra, sogro e cunhados. Tenha sempre em mente, portanto, que o Caranguejo é um bicho do lar, mas do lar de onde veio.

Combinações possíveis

As melhores

Câncer e Áries

Ou o Câncer esfria de vez o Carneiro, ou estimula seus dotes histriônicos e com isso consegue retê-lo em casa. Resta acrescentar que esta é uma chance de ouro para o ariano aprender algo sobre gentileza, e o canceriano sair da mesmice.

Câncer e Touro

As sagas hollywoodianas com *happy end* provavelmente se inspiraram neles. Tiveram filhos, e foram felizes para sempre. Permanecem abraçadinhos no sofá até os noventa anos.

Câncer e Gêmeos

Desde que o Caranguejo não se encolha com uma observação mordaz do geminiano, não dê marcha a ré a cada gesto anticonvencional do parceiro, e não desapareça na areia se tiver que visitar a mãe sozinho, as chances são boas.

Câncer e Câncer

Um oceano de sensibilidade. Longos silêncios inexplicáveis, atitudes mal compreendidas, infernais ziguezagues de humores. Muita coisa não dita e ainda mais coisas sentidas. Ele: "Vou esperar que ela me pergunte como foi o dia no escritório". Ela: "Se ele não comentou nada, deve ter havido algo horrível, é bom nem tocar no assunto". Ele: "Ela nunca se interessou mesmo pela minha carreira". Ela: "Ele nunca me considerou alguém com quem pudesse desabafar". A noite já está arruinada. Mas se além de ruminar suspeitas eles caírem de vez em quando na real, serão o par romântico do ano.

Câncer e Leão

Está enganado quem pensa que o doce Caranguejo se submeteria ao trovejante Leão. O leonino adora mandar, mas é o canceriano quem tem a última palavra, fingindo obedecer. O Leão dirá aos amigos comuns que só muda para um apartamento maior. O Caranguejo não dirá nada, mas escolherá o bairro, edifício e andar. O Leão quer uma festa de inauguração, o Caranguejo mais que depressa concorda, mas escolhe o dia em que os amigos barulhentos do parceiro vão estar fora da cidade. Nunca vão entender como este casal está junto há tanto tempo, porque só os dois conhecem o segredo.

Câncer e Virgem

Uma união sólida. E das mais produtivas. Virgem proporcionará ao Caranguejo o fio terra de que ele necessita para não se afogar num mar de sentimentos. Câncer adoçará a boca de Virgem com chá e biscoitos naquele domingo à tarde em que o virginiano estiver debruçado sobre as contas do mês, tentando fazer o dinheiro render mais. Nada faltará na vida deste casal, porque não existirão gastos supérfluos.

Câncer e Libra

Se o canceriano tiver uma mãe *socialite*, um irmão fotógrafo famoso, ou pelo menos um primo distante que já tenha aparecido num *talk-show* na TV, a vida íntima deste par será maravilhosa. Porque Libra nasceu para freqüentar, e só suportaria a domesticidade do Caranguejo na hipótese do próprio lar ser notícia. Libra adora colecionar nomes famosos em sua agenda de endereços, e o Caranguejo treme toda vez que o vê puxar o fone e combinar um jantarzinho íntimo de quinze pessoas. Apesar disso, este é um casal que nunca vai bater boca em público.

Câncer e Escorpião

O Escorpião providenciará a ousadia de que o Caranguejo não é capaz, mas inveja. O Caranguejo fornecerá ao Escorpião aquela retaguarda que ele, bom escorpionino, cobiça em segredo. O encontro deste par de duras carapaças será repleto de ternura e paixão. Sensibilidades complementares, intuições agudíssimas, noites memoráveis. Eles são daqueles que se entendem sem ter mesmo que trocar um olhar. Agora, se se desentenderem, o Caranguejo vai sumir de casa, mas se esforçará para dar a impressão de que foi posto na rua, de modo brutal, por aquele animal sem coração, o Escorpião.

Câncer e Sagitário

As chances melhoram se for um Sagitário do tipo filosofante, não muito viajador. Pois como convencer o Caranguejo de que um Natal em Nova York é preferível a um Natal com todos os presentinhos de amigo-secreto da família embaixo da árvore? Nestas questões, o Caranguejo não abre mão. Já um tipo filosofante, falante, e com tendências a encaminhar qualquer conversa para o tema "o futuro da humanidade", pode enternecer o canceriano. Mas é bom controlar o que se fala: o Arqueiro é meio desastrado com as palavras, e uma mera gafe pode ser interpretada pelo canceriano como uma ofensa. E um Caranguejo nunca esquece.

Câncer e Capricórnio

São signos opostos. Portanto, ou vai, ou racha. Rachar é fácil. O sisudo e lógico Cabrito montanhês horrorizado com o sentimentalismo desenfreado do Caranguejo. Mas se for, irá que é uma beleza: o canceriano é o único capaz de convencer o capricorniano a afrouxar a gravata e ouvir uma serenata ao luar. E o capricorniano lhe fará ver que responsabilidade nem sempre dói, e que nem todo planejamento antecipado, como o planejamento de bebês, por exemplo, é uma operação fria e calculista.

Câncer e Aquário

O aquariano pode se sentir um tanto afogado pelo excesso de emoções do Caranguejo. E totalmente desapontado quando o parceiro apontar para o céu estrelado e suspirar. O céu, para um aquariano, não é lugar para poetas, e sim para aqueles fabulosos astronautas que bem podiam lhe dar uma carona. E enquanto o Caranguejo estiver debruçado sobre a árvore genealógica da família, o aquariano estará folheando *A crise da família na contemporaneidade*. Com toda sua alergia ao passado e tradições, porém, um aquariano precisa de alguém esperando-o em casa.

Câncer e Peixes

Eles foram feitos para praticar juntos meditação transcendental, vibrações positivas e yoga tântrica. Como esta última pode despertar muitos pontos libidinosos, a vida a dois não será só do espírito, mas também da carne. O lar recenderá a incenso, e das prateleiras da estante da sala despencarão pilhas de cristais, pirâmides e florais de Bach. A música ambiente, Philip Glass no volume mínimo, nunca irritará o vizinho. Serão um bálsamo um para o outro – e para quem conseguir se aproximar deles, num daqueles raros momentos em que é preciso sair do nirvana para comprar pão e leite.

Como manter o caso firme

(E agüentar as conseqüências)*

Sogra

Você nunca vai chegar aos pés da mãe do Caranguejo. Ela sempre será a melhor namorada dele – sem dizer que também é uma cozinheira insuperável, anfitriã inimitável, educadora perfeita e a alegria em pessoa. Não adianta tentar personificá-la: você nunca vai conseguir, e as cópias jamais têm o mesmo charme do original. Não adianta lutar contra ela: você será um revólver de plástico diante de uma bomba de nêutrons. Também não adianta querer agradá-la: ela não ligará a mínima para bajulações, porque sabe que é a número um. Relaxe, apenas. Você escolheu um adorador de mãe, e isso não tem cura.

Casa

Aquela mesa redonda com cadeirinhas de palha parece destoar do resto da decoração? Finja que não notou. O Caranguejo teve um impulso irresistível de comprar o móvel que lhe recordava suculentos mingaus saboreados na infância na casa materna. O armá-

* V.P.A.S. (Vale para ambos os sexos)

rio embutido está entulhado de caixas com uns cacarecos estranhos, como medalhas de honra ao mérito, coleções de conchinhas, réguas de madeira, boletins escolares, fotos, cartas, rolhas de champanhe? Nem ouse tocar: são suas reminiscências infanto-juvenis. Abstraindo-se mesa e armário, esta será a casa mais aconchegante em que você pisou. E para ficar.

Os meus, os seus, os nossos

Desde que os dele, os seus e os nossos não usurpem a atenção que você deve dedicar integralmente a ele, tudo bem. O Caranguejo pode se tornar ótimo pai, desde que continue sendo o cara mais mimado da família. É mais habitual, porém, que existam só os nossos – o Caranguejo não é muito chegado a divórcios.

Amigos

Na fase inicial da paixonite, o Caranguejo sai de circulação, e só tem olhos para o parceiro. Mas isso não dura para sempre. Os amigos dele vão aparecendo, lenta e inexoravelmente. Serão na sua maioria amigos de infância. Você terá que aturá-los para o resto da vida, mas o caso não é tão grave: eles são os mesmos, mas são poucos.

Brigas

O Caranguejo prefere apartá-las a criá-las. Se possível, nem chega perto. Quando elas são inevitáveis, parte para a chantagem emocional: só mesmo ele para convencer o parceiro que acabou de perder o show de rock – porque ele estava com uma típica enxaqueca canceriana – que o motivo da enxaqueca é essa mania do parceiro querer assistir a todos os espetáculos da temporada. O parceiro perde o show e ainda vai dormir se sentindo um vilão desalmado.

O esporte sob medida

O Caranguejo não é lá muito atlético. Isso tem suas vantagens: ele não corre o risco de morrer na praia depois de muito esforço. Ele dará uma ou duas braçadas, uma caminhada pela areia, e passará o resto do dia se recuperando na rede. Se neste momento você propuser uma partida de gamão ele acenderá seu cachimbo e topará. Há grandes probabilidades, inclusive, de que ele vença. Já para exercitar algo além dos neurônios, Câncer pode praticar jardinagem. Tudo que um canceriano planta cresce rápido e bem, jasmins, samambaias, mamoeiros. O taurino também gosta de mexer com terra, mas foi o Caranguejo quem ganhou o apelido, no zodíaco, de "dedo-verde".

Como, quando e para onde viajar

Não há mistério: para o sítio ou a casa de praia, com família, babá, cachorro, periquitos. Lá chegando, o canceriano fará um passeio até a cachoeira, todas as manhãs à mesma hora. É de vital importância que o Caranguejo economize os dólares que gastaria numa hipotética viagem ao Taiti para dar entrada numa casinha de praia, mesmo uma daquelas de pescador. Se isto for inviável, e ele tiver que partir para lugares estranhos, convém que permaneça ao menos quinze dias no mesmo local: o Caranguejo demora um pouco até se adaptar a novas circunstâncias, e precisa de uns vinte *capuccinos* para reconhecer que a Piazza Navona é mesmo bonita. Alguns Caranguejos são nômades, e vivem se mudando de uma cidade para outra. Mas não se iluda: eles mudam com a família inteira e toda a mobília, pois, como os beduínos, só sabem viver em tribo.

Roteiros acima de qualquer suspeita

Nada de suspense ou gastos extravagantes. Caranguejos precisam de estabilidade, não de aventura. Países sacudidos por revoluções devem ficar fora. Idem para culturas exóticas ou naturezas muito agrestes – portanto, nem pensar no Nepal ou Alasca. Roteiros histórico-bucólicos caem bem: uma viagem pelo interior da Inglaterra, ou pelos vilarejos medievais italianos.

Kit de viagem

Não se assuste se ele levar o travesseiro, mesmo tendo reservas no melhor hotel da cidade. Não é que ele imagine que o hotel não vá fornecer algo para deitar a cabeça – é só um modo dele continuar em casa, estando longe.

Moda Caranguejo

O canceriano é muito vulnerável à opinião alheia e paga qualquer preço para não cair no ridículo. Como as opiniões alheias são muito variadas, e é impossível agradar a todos todo o tempo, o Caranguejo prefere passar despercebido. Será sempre o mais discreto do grupo, alguém para quem até um colarinho desabotoado é muito espalhafato. Todo inverno ele comprará o mesmo suéter de *cashmere* bege, e todo verão a mesma calça de linho azul-marinho.

Noitadas e comilanças

Coloque-o na cozinha, em vez de ficar inutilmente insistindo para experimentarem a nova cantina da cidade. Por duas razões mais que suficientes. Primeira: o Caranguejo é um excepcional mestre-cuca. Segunda: ele é um renitente caseiro, e se tiver que jantar fora, escolherá o restaurante de sempre, onde já é íntimo do *maître* e garçons. Como, porém, só bebe bons vinhos e come bons pratos, a conta será astronômica. Para as noitadas, a opção do Caranguejo *single* não é o *single's bar*, mas o bar de sempre, onde ele se senta invariavelmente na terceira mesa ao lado do balcão para encontrar os velhos companheiros de copo. Quanto a um Caranguejo casado, nem é preciso dizer que a melhor noitada é em casa, instalado entre queijos e vinhos.

A biblioteca do Caranguejo

Está voltada quase inteira para o passado. Sagas familiares, mesmo com quatrocentos páginas, serão lidas de cabo a rabo. Livros de história, desde que com poucas notas de rodapé, caem bem: ele vai folhear quase tudo, dando preferência aos períodos entre-guerras, o que vai reduzir consideravelmente sua carga de leitura. O Caranguejo também tem um fraco por poesia – quanto mais lírica, melhor. Seu livro de cabeceira, porém, ficou mais famoso como filme, e seu herói é na verdade uma heroína: *E o vento levou*. A bela Scarlett O'Hara, apesar do temperamento tão anticanceriano, é a encarnação de todos seus ideais: romance, família e tradição.

A videoteca do Caranguejo

Um duvidoso Bond, em *Licença para Matar*. O filme foi muito criticado pois o cínico espião se comportou como um bom moço com boas intenções.

Todos os filmes de Frank Capra, em particular *Da vida nada se leva*.

Nenhum filme de terror.

Harry Potter I, II, III,......

Beleza americana (para dias de chuva)

Forrest Gump

O piano

E.T.

E o vento levou

Para aqueles Caranguejos de cinemateca, *Fanny e Alexander*, de Bergman, não tem concorrentes.

O presente que vai derretê-lo

Uma aliança, em ouro ou prata.

O Caranguejo levaria para uma ilha deserta

Ele: ela.

Ela: ele.

Leão

Um egoísta é alguém que não pensa em mim.
(Lema leonino)
22/07 a 21/08

É muito fácil reconhecer um Leão em público: basta localizar o pavão do pedaço, que você chegou nele. Ele estará abrindo e fechando seu leque emplumado, com um ar teatral e levemente superior, hipnotizando a platéia e esperando condescendente por aplausos. Seus gestos são largos e suntuosos, sua fala tem pausas dramáticas e ele pronuncia várias vezes "eu", "me", "mim", "comigo" – um Leão nunca deixa de anunciar que a idéia genial foi dele, e graças ao talento ímpar dele o projeto grandioso (dele) finalmente saiu. O mais insólito é que ninguém vai achá-lo pomposo ou antipático: ao contrário, todos continuarão magnetizados por tanta realeza natural. Pois o egocentrismo leonino não tem nada de mesquinho. O Leão é até pródigo demais: um rei que paga banquetes, empresta o carro e dinheiro de olhos fechados e arranja colocação para todos os seus conhecidos, só esperando dos agraciados o devido reconhecimento e devoção eterna.

No coração do Leão cabe todo mundo – o que lhe causa, às vezes, aborrecimentos inesperados. Pois Sua Majestade, com toda aquela pose, é um tremendo ingênuo, e vive na ilusão de que o tal mundo é uma extensão das virtudes leoninas, e seus contemporâneos são réplicas motorizadas dos cavaleiros da Távola Redonda. É aí que o Leão quebra a cara. Mas nem assim abaixa a juba – ele é orgulhoso demais para ficar remoendo as mesquinharias do dia-a-dia, que encara como meros acidentes de percurso. Sua falta de objetividade é diretamente proporcional ao seu otimismo narcisista: todo Leão está convencido de que o sol se levanta para ele, não por razões astronômicas.

"Um Leão não crê nos direitos das mulheres porque, honestamente, não acredita em qualquer direito além do seu."

Portanto, ame-o ou deixe-o. E se você se decidir pela primeira hipótese, ganhará uma fera em lealdade para o resto da vida. Porque, ao contrário do planeta que rege este signo, o Sol, o leonino não brilha sozinho. Depende de alguém para conseguir irradiar luz – e isso ele reconhece. Sem um refletor que amplie e aperfeiçoe sua auto-imagem, ele não passará de um empoeirado e gasto Leão de tapete.

Terapias para um leonino à beira de um ataque de nervos

Ele imagina ser Napoleão Bonaparte? Vai ver que é mesmo, já que escolheu outro leonino para trocar de identidade. Um Leão nunca adotaria um personagem de segundo escalão, se tivesse que endoidar de vez. Ele, aliás, endoida muito raramente, mas pode ser levado às raias da loucura se deixa de ser o centro de atenções. Procurará um terapeuta, portanto, não para ouvir diagnósticos, mas para ter garantida, duas vezes por semana, uma audiência bem atenta – e, se possível, silenciosa. Os analistas ortodoxos falam pouco, e isso os tornaria a audiência perfeita para o leonino, mas o problema é que estão sempre insistindo para que o paciente conte histórias tristes e traumáticas, derrotas sofridas, choques não-superados. Leão nenhum vai querer saber disso: ele foi até o consultório para confessar, sim, mas seus grandes feitos e qualidades, e com isso talvez amolecer o empedernido coração do analista.

Como analistas não se enternecem jamais, a terapia correta para o leonino é o psicodrama. Lá estão reunidos todos os requisitos para uma cura rápida e eficaz: palco, platéia e grandes chances de conquistar o papel de ator principal. Os leoninos deveriam inclusive ser pagos para freqüentar as sessões de psicodrama, em vez de pagar – sua presença sempre garantirá um alto dinamismo no ambiente, obrigando até os mais tímidos do grupo a entrar em cena.

Se o leonino estiver duro demais para arcar com os custos de um profissional diplomado (o que ocorrerá com freqüência, dada sua magnanimidade com dinheiro), pode solucionar suas habituais crises de melancolia numa única sessão: convidando para jantar aquele amigo que vai elogiá-lo a noite inteira, sobretudo depois do cafezinho, quando o Leão puxar a conta e disser "deixa comigo". Aconselha-se, porém, um restaurante que não ultrapasse duas estrelas, senão a crise pode piorar.

Tipos ideais

(Como se ajeitar, com o maior conforto possível, com cada representante do zodíaco)

ALERTA! *(vale para ambos os sexos)*

Um leonino nunca fica simplesmente caído por alguém – mas louca, absurda e desesperadamente apaixonado. Jamais tem um caso, mas sempre o caso definitivo e avassalador. Periodicamente estará encontrando a pessoa de sua vida – depois de dúzias de rompimentos e reconciliações com outras pessoas ideais. É um perfeccionista, e jamais admitirá algo menos que o amor absoluto. Ele é o tipo que sabe fazer declarações apaixonadas em todas as línguas e com todas as entonações que o momento exigir, sem tornar a frase *kitsch*. Um mestre insuperável na arte de cortejar.

Antes de domá-lo, porém, é preciso atraí-lo. A melhor armadilha para capturar um Leão é muito simples: render-se maravilhado a tudo que ele faz ou diz. Mas nunca assuma um ar excessivamente modesto, pois Leões não gostam de subserviência. Não poupe "ohs" e "ahs" se um Leão macho estiver contando como venceu a última partida de tênis, e não deixe de cumprimentar uma Leoa com o antiquado beija-mão, quando conhecê-la. Eles são muito sensíveis a gestos e interjeições.

Alguns Leões-macho têm um pequeno defeito: ainda não ouviram falar na emancipação feminina, e imaginam que demonstrar afeto significa aferrolhar a parceira sob sete chaves, decidir que corte de cabelo lhe cai melhor e submetê-la a interrogatórios diários sobre quem ela viu ou deixou de ver naquela tarde. O Leão não faz por mal – ele não crê nos direitos das mulheres porque, honestamente, não crê em qualquer direito além do seu. Mas se um pacto de não-intervenção for firmado logo no primeiro encontro, a parceira do Leão pode sossegar, pois já o converteu num gato manso.

Combinações possíveis

As melhores

Leão e Áries

Duas feras em ação. Cabe ao ariano elogiar torrencialmente o leonino, para que este não comece a rugir. E o Leão, por seu turno, deve deixar o Carneiro decidir tudo. É só eles não encurtarem demais o pavio um do outro, que aquela atração à primeira vista se manterá por longo prazo.

Leão e Touro

Serão eleitos os anfitriões do ano. Belos, chiques e majestosos. E se o Touro não teimar em roubar a cena do Leão, ainda vão ser reeleitos por muitos mandatos. Uma das poucas combinações em que o Leão é visto ronronando.

Leão e Gêmeos

Um dos passatempos de Gêmeos será discorrer sobre as novas teorias transegóicas e a maximização do caráter leonino. O Leão ficará ainda mais cheio de si, e se desmanchará. É vital, porém, que o Gêmeos evite ler na sua frente: o Leão pode desconfiar de que o parceiro estava falando em abstrato, e não por causa dele, e para ele.

Leão e Câncer

Os dois são cheios de caprichos. Ambos querem que todo mundo dependa só deles, e se submeta inteiramente a eles. Mas como os métodos são diferentes, isto é, o Leão faz que manda e o Caranguejo finge obedecer, eles se encaixarão às mil maravilhas.

Leão e Leão

Um caso de excesso de ofuscamento. Eles não terão quem lhes diga toda noite, antes de dormir, "você é o máximo", e vão rolar insones na cama esperando que o outro tome a iniciativa. Não há palco suficiente para os dois – nem um estádio de futebol comportaria toda a galera que eles disputariam. Uma Leoa jamais adotará o nome do marido-Leão, a não ser que seja Rothschild. Um Leão nunca fará o supermercado sozinho, como ela vem exigindo. Mas se eles por acaso têm ambiçoes casadas – ela quer ser cantora lírica, ele maestro; ela quer decorar interiores, ele construir prédios; ela quer fazer um milhão de dólares, ele também –, então ninguém segura esses dois.

Leão e Virgem

Leão gosta de dar ordens, Virgem de criticar. E ambos adoram dar conselhos. Só que as opiniões deles nunca coincidem. O leonino aconselharia que o dinheiro extra fosse aplicado num cruzeiro no Caribe. O virginiano recomenda aplicar tudo numa poupança, porque os tempos estão bicudos. Irritado, o leonino acha que não há melhor conselheiro que um bom vinho, aquele Romanée-Conti guardado na adega. O virginiano aconselha-o a poupar aquela garrafa, porque é a última e está reservada para o jantar do dia 15. Felizmente, o virginiano lembrou também de mandar o terno dele para o tintureiro e de marcar hora no dentista – se não fosse assim, seria o divórcio.

Leão e Libra

Eles têm tanto em comum. O zunzum dos acontecimentos sociais. O *who is who* das recepções. Uma grande inclinação por bisbilhotices. Nenhum dos dois nasceu para ficar em casa falando de filhos. Mas as semelhanças terminam aí. O Leão torce o nariz se o protocolo não foi cumprido à risca ou os salgadinhos da recepção estavam engordurados, e bate em retirada. Já o libriano tende a achar toda festa uma festa de gala. O Leão pode se enfezar com esta mania de Libra de se deslumbrar à toa.

Leão e Escorpião

Não há rei sem eminência parda. O escorpionino monta a estratégia, age na calada da noite, atinge seu alvo e deixa as glórias e homenagens para o Leão. São cúmplices perfeitos – juntos, fazem a terra tremer. São também amantes perfeitos, embora um tanto turbulentos. Pairam acima das banalidades do cotidiano, como filas nos bancos e goteiras na garagem. Comportam-se como se tivessem saído do *Morro dos ventos uivantes*, trocando chispas de amor e ódio enquanto relâmpagos ressoam pela casa. Soa um pouco cansativo, mas toda grande paixão consome adrenalina.

Leão e Sagitário

Será difícil encontrar quem acompanhe o pique destes dois. Estão sempre entusiasmados com tudo. Um campeonato de surf? "Claro que vamos." Boca-de-urna para o deputado X? "Conte com a gente." Virar a noite numa casa de tango? "É para já." Se o apetite pela vida de cada um, em separado, já era grande, quando eles se juntarem vão transformar-se em superglutões. Nunca sofrerão de torpor conjugal. Os dissabores se deverão à mania do sagitariano de fazer piada de tudo, inclusive do Leão, um ser desprovido de auto-ironia.

Leão e Capricórnio

Se eles já passaram dos trinta, vão chegar às nuvens. Ou ainda mais alto. Some-se a ambição desmedida do Capricórnio ao entusiasmo imbatível do Leão, e o resultado sairá no *Guinness book of records*. A dica do sucesso é com eles. O Leão tem a força, mas é meio indolente. O capricorniano tem disciplina e tenacidade, mas falta-lhe certo brilho. O híbrido de caprino e felino – persistência mais grandiosidade – terá tudo que quiser, iates, jatinhos ou um título de marquês. Só não convém aproximá-los muito jovens: o Cabrito pode se constranger com o exibicionismo do Leão, e este se entediar com a aridez da trilha que o outro escolheu para subir na vida.

Leão e Aquário

Um imperador precisa ao menos de um súdito. É aí que os problemas começam. Nada causa mais repulsa ao aquariano que inclinar a cabeça. Até os aquarianos monarquistas têm escrúpulos em lidar com reis de carne e osso, preferindo o ideal abstrato da realeza. Estes são signos opostos, e, conseqüentemente, qualquer caso entre eles será uma parada. O Leão quer o Aquário a seus pés, mesmo que só dez minutos por dia. O Aquário quer que o Leão desça de sua imperial poltrona e confraternize com ele num *snack-bar*. Cabe ao Leão se atualizar, como fizeram o príncipe Charles e Camilla Parker-Bowles.

Leão e Peixes

O leonino está sempre tão concentrado em si mesmo que não tem muitas oportunidades para contatos telepáticos. Esta seria, talvez, uma saída para diminuir seus desencontros com o pisciano – contatos imediatos de terceiro grau, já que nos contatos do dia-a-dia eles vão se estranhar. Peixes vai achar o Leão um insensível – ele é, sim, mas só por distração. Leão vai achar seu Peixes um chato de galochas, que fica se lamentando pelos cantos – ele é, sim, quando não lhe dão bola. Os mal-entendidos se dissiparão no dia em que eles notarem o quanto são dedicados um ao outro.

Como manter o caso firme

(E agüentar as conseqüências)*

Sogra

Este é um caso excêntrico, em que o sogro pesa mais que a sogra. A sociedade leonina – como, aliás, algumas outras – é um patriarcado. O Leão estará sempre se medindo com o pai, ainda que não confesse. Seria sua juba mais, ou menos imponente? Seriam seus domínios mais, ou menos extensos? Quem impressiona mais quando abre a boca? E assim por diante. O fantasma da majestade paterna ronda seus pesadelos. Trate, sempre que possível, de apontar lhe os defeitos do Leão-pater, sem a menor complacência – mas só aqueles que não forem hereditários.

* V.P.A.S. (Vale para ambos os sexos)

Casa

Seus domínios são um luxo. Você tropeçará em mármore e tapetes *Bokhara* até no lavabo. O Leão não pode se privar do requinte que lhe é devido, e vai sempre morar bem, mesmo que o aluguel do apartamento de quinhentos metros quadrados lhe custe o salário inteiro. Nunca lhe passa pela cabeça o sonho da casa própria – pois para isto ele teria de sacrificar os vasos chineses Ming e todos as luminárias Gallé que ainda faltam na sua coleção. Em compensação, os gastos com eletricista, encanador e pintor serão mínimos: o leonino é um conserta-tudo, de vazamentos na cozinha a portões emperrados.

Os meus, os seus, os nossos

Os meus são meus, os seus podem vir a ser meus e os nossos, naturalmente, são meus – dirá o Leão. Desde que ele reine imponente sobre todos, não há problema algum. As crianças devem aprender desde cedo a lisonjeá-lo, do contrário ouvirão intermináveis sermões sobre o declínio da autoridade nos tempos modernos. Uma coisa, porém, está fora de dúvida: ele vai defendê-los, todos, como se fosse uma leoa.

Amigos

Eles estão sempre se metendo na vida alheia, mas pela mais nobre das razões: um Leão acha que ninguém vive sem seus conselhos. Passará madrugadas em claro tentando convencer um amigo de que ele deve voltar ao emprego onde trabalhava como um mouro e ganhava como um escravo. Se o amigo não seguir seu conselho estapafúrdio, o Leão ficará chocado e triste, nesta ordem. Como é um animal naturalmente generoso (embora nada manso), o Leão atrairá uma enorme corte ao seu redor – inclusive os chatos de plantão. Mas os chatos duram pouco, porque o Leão desdenha gente interesseira.

Brigas

O Leão não é ciumento, apenas cioso de seus direitos – que incluem, por exemplo, jamais permitir que o parceiro viaje sozinho. Apesar disso, não tolera cenas de ciúmes, porque elas são uma injustiça à sua notória lealdade. É mais ou menos pelo mesmo motivo que ele não gosta de brigar – embora vibre com uma cena dramática, o Leão não agüenta traições, e, quando elas vêm, não foge da luta. Pode se tornar o mais letal dos inimigos, depois de ter sido o mais fiel amigo. Trate-o como uma raposa faria: com astúcia.

O esporte sob medida

A divisa leonina: "O importante é comemorar a vitória, depois de vencer". Com tal espírito de equipe, eles dificilmente entram numa quadra para se misturar a desconhecidos. Esportes individuais e heráldicos, como a esgrima, são mais do seu feitio. Mas o melhor de todos é a dança, em qualquer modalidade: dança flamenca, jazz, valsa, polca. Rodopiar num tablado é tipicamente leonino. Outro esporte bastante perigoso são os leilões: um Leão adora freqüentá-los, e sempre acaba dando o lance mais alto.

Como, quando e para onde viajar

O Leão não embarca na *trip* dos outros. Faz questão de decidir ele mesmo o roteiro, de preferência com estadia garantida em um ou dois castelos do interior da França. Se a bolsa for menor que a pretensão (outro traço muito freqüente em leoninos), ele pode se regalar numa pousada em Parati – afinal, a nobreza brasileira veraneia por lá – ou num hotelzinho em Petrópolis. Qualquer que seja a opçao, é sempre ele que faz o lugar, e não o contrário.

Roteiros acima de qualquer suspeita

O circuito Helena Rubinstein – Paris, Londres e Nova York – é a tradicional rota leonina. O principado de Mônaco e a Suécia também podem ser considerados, já que têm suas respectivas famílias reais. E Florença, acima de tudo: um Leão nunca dispensaria a cidade mais elegante do mundo.

Kit de viagem

Composto por bagatelas como um longo de lamê e um smoking, um colar com no mínimo uma esmeralda de verdade e um anel com um rubi de vários quilates. Alguém tem que se lembrar de pôr isso na valise dos leoninos, porque eles nunca se ocupam com detalhes secundários, como arrumar o monte de malas que costumam carregar.

Moda Leão

Fausto e extravagância. O Leão é o único capaz de vestir dourado da cabeça aos pés e continuar chique – tanto que vivem tentando copiar seu estilo, inutilmente. Tem um fraco por drapeados e pedrarias. Ao contrário do Touro, um elegante que dentro de casa anda de robe esfarrapado, o Leão não descuida nem do chinelo, que estará primorosamente engraxado.

Noitadas e comilanças

O melhor lugar é sempre aquele onde ressoam aplausos. Se puder, o Leão promoverá festas de arromba, como se dizia no tempo em que elas ainda aconteciam. Concertos, óperas, balés, teatros – toda ocasião para aplaudir um virtuose – também o atraem. Se ele conseguir contratar um quarteto de cordas para tocar em casa, sua felicidade vai eclipsar todas as dívidas que daí decorrerão. Quanto aos prazeres da mesa, ele se embriaga mais com um serviço de porcelana de Sèvres que com bebidas ou comidas. Boa prataria, toalha de linho português, cristais tchecos e comensais vestidos a rigor são mais que suficientes para saciar o apetite leonino.

A biblioteca do Leão

Além das biografias de Luis XIV, Luis XVI, e do último czar russo, Nicolau Romanoff, o Leão aprecia muito autobiografias, provavelmente porque já está matutando sobre a possibilidade de publicar a sua. Este será seu livro de cabeceira, que ainda está por ser escrito. Enquanto aguarda, o Leão pode se espreguiçar folheando *A ilha do tesouro*, de R. L. Stevenson, onde encontrará cenário, herói e época adequados ao seu paladar.

A videoteca do Leão

Em *O Mundo não é o bastante*, Bond supera com leonino *fair-play* perigos radioativos e outros ainda maiores, como uma vilã com cara de anjo. E diz a que veio: o mundo não lhe basta, resta governá-lo.

Todos os filmes estrelados por Audrey Hepburn, em especial *Bonequinha de luxo* e *My fair lady*.

Alexandre

Ray (Charles)

Vida e amores de Cole Porter

O rei Leão

O último imperador

Trono manchado de sangue

Para leões de cinemateca, recomenda-se *O Homem que queria ser rei*, de John Huston.

O presente que vai derretê-lo

Não há melhor presente, para o Leão, que o pulo de satisfação de quem está abrindo o embrulho que acabou de ganhar dele. Ele delira com o efeito provocado por seus presentes.

O Leão levaria para uma ilha deserta

Ele : uma das princesinhas de Mônaco, indiferentemente.

Ela: Tom Cruise, no papel do príncipe de Gales.

VIRGEM

NÃO DRAMATIZE: ORGANIZE.
(VIRGINIANO ANÔNIMO)

22/08 A 21/09

Tome-se um virginiano no dia seguinte a uma festa. Ele não terá ressaca, naturalmente – bebeu e comeu com moderação. Uma amiga vai visitá-lo, e pergunta sobre a noitada. "Nós éramos quatro casais e três avulsos, eu e dois jornalistas cariocas. Os casais eram fulano e fulana, beltrano e beltrana, os anfitriões, mais dois jovens recém-chegados de Toronto. Por causa deles, falou-se inglês quase a noite toda. O sotaque dos jornalistas era sofrível. Beltrano escorregava nos erres. A moça de Toronto usava uma pulseira com duas serpentes entrelaçadas e os olhos da serpente eram da mesma cor dos brincos, e o marido estava de tênis e gravata. Um dos jornalistas acendia um cigarro a cada sete minutos e meio, o outro sempre botava duas pedras de gelo a mais no seu uísque. Fulana agora está com a mania de cruzar e descruzar as pernas sem parar, e o anfitrião ultimamente só anda ouvindo jazz, muito favorecido, aliás, pela posição das caixas de som, que estavam à esquerda do..."

ram?" "Generalidades", ele diz, continuando a descrição da aparelhagem de som. "Mas pelo menos dá para me dizer se a festa estava boa?", a amiga se impacienta. "Como?", ele parece acordar de um sonho. "Você gostou?" "Ah", conclui o virginiano, "não tive tempo para pensar nisso, mas notei que as estantes estavam cheias de poeira." À primeira vista, o virginiano pode parecer um chato, mas ninguém na festa achou isso. Ao contrário, foi o único de quem todos, igualmente, gostaram, porque ele estava tão ocupado em reparar no ambiente que mal incomodou os outros com sua presença.

"Virgem parece inatingível, até você descobrir seu calcanhar – ou nuca, ou pés – de Aquiles."

Assim é o virginiano: o grande observador e classificador da vida, o Sherlock do zodíaco, sempre munido da lente de aumento capaz de detectar o menor detalhe. Às vezes um ou outro pormenor lhe escapam, como quando ele é incapaz de dizer se, no conjunto, a festa estava boa ou má. Para o virginiano, o mundo é um extraordinário maquinismo suíço, e ele prefere desmontar e analisar o relógio a perguntar que horas são. É por isso que eles são insubstituíveis. Sem eles, estes Darwins da vida social, maníacos por classificações, obsessivos por detalhes, o mundo perderia muito de suas nuances invisíveis a olho nu.

Terapias para um virginiano à beira de um ataque de nervos

Como o virginiano enxerga muito de perto, tende a tornar-se um cético. Como seu afiado senso crítico não poupa nada nem ninguém, pode ocorrer o efeito bumerangue, e ele se tornar um autodemolidor. Como não há mecanismo mais complexo e extraordinário do que o corpo humano, ele pode cismar com seu relógio biológico e se tornar um hipocondríaco. E como, finalmente, ele não tolera desordens, vai ser aquele camarada que não agüenta ver um quadro torto na parede sem endireitar, ou um cinzeiro sujo sem imediatamente levantar-se e esvaziá-lo no lixo. Com esse perfil, o virginiano jamais será vítima de psicoses violentas ou depressões prolongadas. Terá apenas muitas pequenas neuroses, neurose de limpeza, mania de doenças, desânimos cíclicos, tudo absolutamente controlável.

Suas neuroses, aliás, não o incomodam tanto: importunam os outros. A maioria dos habitantes do planeta vai se infernizar com sua mania de ajeitar os talheres a dois centímetros do prato, coisa que ele considera absolutamente natural – talheres devem estar numa perpendicular exata, sempre. Que jamais um virginiano pise num consultório dum psicanalista ortodoxo. Seria horrível: além de suas obsessões naturais, ele vai contrair novas compulsões, como a compulsão para ficar analisando cada gesto seu, e descobrindo por trás dele razões ocultas. Não vai praticamente lhe sobrar tempo para viver, depois que ele adquirir esse mau hábito.

Uma terapia adequada para o virginiano seria aquela que o fizesse levantar a cabeça do detalhe e alargar seus horizontes. Uma *gestalt*-terapia, por exemplo, o forçaria a dizer se a festa estava boa ou um porre. Antroposofia também pode lhe fazer bem: ele aprenderá que, além do fígado, estômago e baço, há um tal de todo holístico que é bom considerar. E como um virginiano adora tomar pílulas, tratamentos homeopáticos, com dezenas de gotinhas dezenas de vezes ao dia, vão lhe proporcionar uma inefável sensação de bem-estar.

Tai-chi-chuan, a milenar técnica chinesa de integração do céu com a terra, pode igualmente ajudá-lo a parar com sua mania de ver o mundo em negras fatias simétricas. De mais a mais, o tai-chi é instrutivo, ordenado e limpo. Como o virginiano é sujeito a raríssimos ataques de nervos, mas sofre constantes pequenos achaques, a técnica mais econômica acaba sendo a auto-ajuda. Manuais psicológicos de auto-realização, guias práticos para o conhecimento de si mesmo ou folhetos anti-stress podem ser consultados com a freqüência que se desejar. O virginiano é sistemático até em sua loucura, e já que livros estão sempre à mão, não custa lê-los.

Tipos ideais

(Como se ajeitar, com o maior conforto possível, com cada representante do zodíaco)

ALERTA! *(vale para ambos os sexos)*

Não acredite em quem espalhou a mentira que os virginianos são aqueles que caem no sono no meio da transa, de tão exaustos que ficaram com a leitura dos 113 capítulos do último manual sexológico. Isto é intriga da oposição, provavelmente espalhada por algum leonino ou escorpionino insaciáveis. O virginiano é tão bom quanto qualquer outro. Melhor que muitos, aliás: ele nunca está correndo atrás de ninfetas, e prefere namorar gente da própria idade, meio e profissão. Se não encontra quem preencha estes requisitos, será o solteirão mais feliz e empedernido do pedaço.

Para evitar que ele se vicie nas delícias do celibato, é preciso conquistá-lo com muita prudência e pragmatismo. Nada de ir chegando e se declarando – ele vai congelar de susto se você ousar isso. São péssimas táticas, também, as confissões íntimas ou aquele jogo de quero-não-quero que costuma funcionar com outros signos. Virgem não tolera imprecisões. E tem um faro muito bom para falsos encontros acidentais: quando você disser "ora, que coincidência, você por aqui", ele imediatamente responderá "mas estou de saída". A melhor maneira de fisgá-lo é conseguir um cargo no mesmo setor ou andar em que ele trabalha, e depois apresentar-lhe algumas estatísticas sobre o desempenho da firma no último semestre, pedindo sua opinião.

De cruzamento em cruzamento de dados, tudo pode acontecer. Não esqueça que a mania do virginiano por detalhes pode reverter a seu favor. Se ele se apaixonar, será inicialmente por algum detalhe seu: cabelo, sobrancelhas ou pés. Descubra qual é o seu pedaço que pode tocá-lo mais fundo – e trate de caprichar nos laços, rímel ou sapatilhas. Com a devida ressalva de adereços, isto vale para ambos os sexos. Virgem parece inatingível, até que se descubra seu calcanhar – ou nuca, ou pés, ou joelhos – de Aquiles.

Combinações possíveis

As melhores

Virgem e Áries

Um chassi de Gol motor de Ferrari. Desaconselhável para aventuras. Aconselhável para sociedades comerciais, de qualquer gênero, inclusive as conjugais.

Virgem e Touro

Dos cinco sentidos que o Touro precisa satisfazer diariamente, Virgem só possui um sexto, o sentido do bisturi – disseca o que lhe passar pela frente. Dissecará as razões que levam o taurino a comer tanto, reprimindo, assim, sua saudável gula. Cabe ao Touro salvar a situação, ensinando Virgem que há mais coisas entre uma esplêndida feijoada e a satisfação dos sentidos do que sonham vãs dietas balanceadas.

Virgem e Gêmeos

Incompatibilidade inicial de pesquisas. Gêmeos freqüenta sebos e pode se empenhar em leituras arqueológicas. Virgem costuma colecionar mapas-múndi, e se distrai tentando localizar vilarejos no Pólo Sul. Será um banquete cultural, se eles conseguirem uma síntese entre o faraó Tutancamon e muito gelo.

Virgem e Câncer

O contido virginiano e o encaramujado Caranguejo vão se medir de longe, e depois cairão nos braços um do outro. Câncer sonhará com projetos inexeqüíveis, Virgem fará a planilha de custos, e os tornará praticáveis. O Caranguejo deve apenas estar preparado para a enxurrada de objeções ao projeto que Virgem vai levantar, antes de pôr mãos à obra – não é nada pessoal, só uma questão de hábito.

Virgem e Leão

Um virginiano não dá para Rasputin, mas serve maravilhosamente no papel de assessor, braço direito ou grão-vizir. Virgem prefere seguir a corrente a liderar. O Leão não lidera sem ajudantes entusiastas. Se as funções de cada um estiverem bem delimitadas, o virginiano não se meter nas pândegas leoninas, e o Leão não der palpite sobre a arrumação da casa, serão carne e unha. Por trás de todo grande Leão, há sempre uma virgem solícita.

Virgem e Virgem

Se não surgirem arranca-rabos (corteses) sobre a aplicação do dinheiro do casal, o número exato de dias para se tirar férias, a quantidade precisa de sal a ser posta na comida e se as contas do mês devem ser arquivadas na pasta azul ou roxa, serão o casal-modelo. Os outros casais do zodíaco sempre se referirão a eles com uma ponta de inveja: "Como é que eles conseguem trocar de carro todo ano? Como é que as crianças deles nunca foram suspensas do colégio? Como é que nunca se soube duma briga deles, em todos esses anos?" Nunca se terá notícia, também, dos dois arrulhando como pombinhos.

Virgem e Libra

Um libriano astuto será capaz de uma verdadeira façanha com Virgem: torrar até o último centavo do parceiro. Isto porque sua conversa mansa, pontilhada de exemplos e estudos de caso, convencerá o virginiano de que mais vale um gosto que seis vinténs. "Querido, como eu sabia que estas botas de vinil forradas com pêlo de coelho e zíper lateral seriam muito práticas no próximo inverno, e úteis também quando formos a Gstaad esquiar, resolvi comprar um par para você e outro para mim." As botas podem ser um atentado ao bom gosto, eles morarem na Bahia e as chances de esquiar serem tão remotas quanto um piquenique na Lua. Mas Libra usou as palavras-chave: úteis e práticas.

Virgem e Escorpião

Os dois são detetives amadores, e sentem uma atração fatal por investigações de qualquer natureza. Para o Escorpião, quanto mais mistérios, melhor. Já Virgem vai brecar esta atração por enigmas quando isso começar a se tornar sinônimo de problemas. Num primeiro momento, o jeito reservado e cheio de segredos de ambos funciona como um ímã. "O que estaria por trás daquelas misteriosas desaparições dele toda quinta às três da tarde?", vai cismar o virginiano. Se os sumiços do escorpionino, porém, começarem a interferir na digestão dos almoços virginianos de toda quinta, adeus romance.

Virgem e Sagitário

Uma cena corriqueira na vida deste casal será a dos dois num táxi rumando para direções opostas – o sagitariano num táxi para o aeroporto, de onde embarcará em mais uma expedição para a Transilvânia, e o virginiano num táxi para o clube, onde tentará tomar uma sauna e se refazer da decisão repentina do parceiro. Se a viagem pela Transilvânia se revelar um desastre, a volta ao lar do sagitariano vai ser ainda pior: ele terá que suportar calado aqueles olhares de "eu não disse?" que o virginiano lhe dirigirá a cada meia hora. Mas tudo tem conserto: basta o Sagitário presentear o parceiro com alguns livros-*souvenirs*, que Virgem abandonará seu ar emburrado de "sabe-tudo" pelo desejo de saber tudo mesmo sobre usos e costumes dos transilvanos.

Virgem e Capricórnio

De todos os empreendimentos conjuntos que eles vão realizar, o casamento não será dos mais simples. Como Virgem é ligadíssima em competência e Capricórnio paradinho em sucesso, as possibilidades são bastante boas. O virginiano cuidará para que nada falte na casa, de lençóis limpos a refeições balanceadas, enquanto o Cabrito montanhês estiver procurando um condomínio fechado com quadra de tênis para eles morarem. É fundamental, porém, que eles assistam ao menos a uma comédia por semana, ou se cerquem de amigos doidos e irresponsáveis – se não tomarem estas providências, a vida a dois vai parecer um cronograma de uma linha de montagem japonesa.

Virgem e Aquário

O desconhecido se interpõe entre eles, tramando contra dias mais felizes. Novidades que fascinam o aquariano causam reais ataques de pânico no virginiano. "Vamos vender o carro e o telefone e tentar uma vida nova na Austrália?", dirá repentinamente o aquariano, após ter assistido a um documentário sobre o coala no canal da National Geographic. O virginiano, que vive perseguido pela idéia fixa de que a qualquer momento pode ser preso por dívidas, vai se agarrar ao telefone, desligá-lo da tomada e escondê-lo com as jóias de família no cofre do banco. Tal atitude forçará o aquariano a reorientar suas perspectivas, e decidir-se por uma florescente cidade interiorana, em vez de Melbourne, onde eles dois inaugurarão a primeira agência de design gráfico da região.

Virgem e Peixes

Quando o pisciano chamar seu Virgem à parte, e segredar-lhe sua última experiência mística, aquela em que ele vislumbrou, na chama de uma vela, o bater de asas de uma legião de anjos, o virginiano imediatamente o interromperá: "Mas o que foi que você andou tomando?". Nem precisam ser anjos, é só o Peixes começar a falar de um pressentimento banal (acho que não vou ganhar na sena, sinto que não conseguirei me livrar dos hóspedes até sexta), que ele já terá queimado o filme, irreversivelmente, com o virginiano. Eles são aquele caso dos opostos. Que pode dar muitíssimo certo, porém, já que Virgem faz figa e bate na madeira quando ninguém está olhando.

Como manter o caso firme

(E agüentar as conseqüências)*

Sogra

Se você conseguiu passar pelo crivo de um virginiano, não tem por que se preocupar com a opinião da mãe dele. Qualquer sogra (exceto as nascidas entre 24 de agosto e 23 de setembro) é mais fácil de contentar que um virginiano. A única recomendação cabível é a de sempre se referir a ele, nas conversas com ela, como

* V.P.A.S. (Vale para ambos os sexos)

o homem mais irrepreensível deste mundo. Use as expressões "de uma correção extraordinária", "um perfeccionista", "o melhor no ramo dele" e se assegure de que seus adjetivos vão sair direto da boca dela para os ouvidos dele.

Casa

Esse sim é um tópico delicado. Jamais deixe bitucas de cigarro espalhadas pelos cinzeiros, ou copos sujos na pia. Nunca se esqueça, ao se levantar do sofá, de afofar os assentos das almofadas para que elas fiquem todas da mesma altura. E jamais tenha idéias súbitas sobre a decoração: um virginiano perde as estribeiras quando nota que o porta-retratos à esquerda do abajur foi deslocado para a quina direita da mesa.

Os meus, os seus, os nossos

Que nenhum deles – sejam seus, dele ou dos dois – se meta a ensaiar bateria, guitarra ou teatro dentro de casa. Mesmo forrando o quarto das crianças com cortiça, os sons podem chegar aos delicados ouvidos virginianos e desestabilizar toda a vida familiar. Faça o possível para que não haja filhos góticos ou roqueiros. E não esqueça as vitaminas, todas as manhãs. Pais virginianos são excelentes, desde que você garanta silêncio e boa nutrição. Eles não são muito de beijos ou abraços, mas nunca vão deixar de tomar as lições de casa.

Amigos

Nunca serão muito íntimos. Nem em grande número – o virginiano sabe dizer não sem falsos pudores, e isto vai selecionar bastante seu círculo de amizades. Não queira impingir-lhe os seus amigos íntimos: o virginiano encararia isso como invasão de privacidade.

Brigas

Virgem não suporta os chiliques alheios. E é muito sutil em suas reclamações: em vez de chamá-lo de gordo, vai comentar como fulano está elegante depois daquela dieta nova. E acrescentará: "Não sei como certas pessoas não se decidem a fazer regime, é tão desagradável a visão de um corpo balofo, dá vontade de pôr óculos escuros só para ver embaçado". Não lhe restará nem o consolo de chamá-lo de grosso – sua única reação possível será começar imediatamente uma dieta.

O esporte sob medida

Virgem detesta jogatinas – a sorte é imprevisível, e tudo que é imprevisível lhe provoca calafrios. Ele também não gosta de se sujar à toa – portanto, nada de trilhas com motos, aeróbica ou qualquer esporte onde se transpire em excesso. Xadrez ele jogará com prazer e talento, e será capaz de refazer todos os lances da última partida de Garry Kasparov contra o grande computador. *Puzzles*, jogos de memória ou aeromodelismo são aconselháveis sobretudo se vierem acompanhados de um detalhado manual de instruções.

Como, quando e para onde viajar

Flanar não é com eles – nenhum virginiano gosta de ficar à deriva. Ele só viajará se souber antecipadamente todo o roteiro, ponto a ponto, dia a dia. Virgem vai gastar meses de fax e telefonemas para confirmar hotéis, horários de vôo, alugar carro e reservar ingressos. Comprará todos os guias existentes sobre a cidade e vai decorá-los dois meses antes. Até os imprevistos serão previstos. Suas viagens são mais checagens que passeios – "tal igreja é mesmo um típico estilo românico, tal hotel tem mesmo o melhor *room-service*". Mas vale a pena acompanhá-lo: você poderá também checar bons vinhos e belas paisagens.

Roteiros acima de qualquer suspeita

Todos aqueles em que os trens não atrasem e os shows comecem no horário programado. Na Suíça, virgem alcançará o paraíso. Países anglo-saxões, aqueles onde as filas são organizadas e os guichês não fecham por quatro horas durante o almoço, também caem muito bem. Mantenha-o longe do Peru ou da Índia – só o leve a Calcutá se você quiser um virginiano apoplético quinze minutos após o desembarque.

Kit de viagem

A mala de Virgem é uma verdadeira obra-prima de meticulosidade. Roupas serão arrumadas com tanto apuro que, quando desempacotadas, parecerão recém-saídas do tintureiro. Etiquetas com nome e endereço serão afixadas em tudo, até mesmo na sacola do *free-shop*. E duas valises de mão serão imprescindíveis. Uma para a farmácia portátil que o virginiano sempre carrega com ele – porque sabe-se lá que germes e micróbios podem pintar em regiões desconhecidas – e uma segunda maleta de mão para carregar todos os mapas que ele necessitará para jamais se sentir perdido.

Moda Virgem

Esse é o estilo que nunca perde o vinco. Sóbrio, discreto, e jamais amarfanhado. Você não terá o desprazer de ver um virginiano com a bainha da calça desfeita ou a sola do sapato gasta. Suas meias sempre combinarão com seus lenços, e a pasta com a cor do porta-óculos.

Noitadas e comilanças

Como Virgem é parcimonioso com dinheiro, obcecado por dietas e avesso a qualquer excesso, mesmo no lazer, você pode levá-lo a um restaurante natural, onde ele se empanturrará com sais minerais, grãos e fibras. Para Virgem, um bom programa gastronômico é sempre um programa saúde – virginianos enjoam só de pensar em hambúrgueres. As noitadas serão melhor aproveitadas em palestras úteis – como aquela sobre o novo imposto ou a nova ordem política internacional – do que em boates ou danceterias. Virgem também gosta muito de receber. Cuidado, porém: quando ele avisa que o jantar é às nove, não ouse chegar às dez e quinze, porque você só terá direito ao sorvete derretido.

A biblioteca de Virgem

O virginiano é muito lido. Pode não vibrar com poesia, humor ou ensaios filosóficos, mas não resistirá a uma literatura mais prática. Embora suspeite de manuais astrológicos, todos os outros manuais (como construir uma churrasqueira, como cuidar de cães, como ser mãe pela primeira vez) vão apaixoná-lo. Ele vai estar sempre se instruindo, quer consulte um abecedário do Código Morse ou a *Comédia humana*, de Balzac. O detalhismo das descrições de Balzac vai encantá-lo, mas seu real livro de cabeceira é qualquer um de Sherlock Holmes. O detetive da Baker Street é um virginiano perfeito, capaz de chegar ao criminoso sem precisar recorrer às motivações psicológicas do crime, apenas somando pegadas no jardim, poeirinha do batente da janela e uma lasca de charuto esquecida atrás da porta.

A videoteca de Virgem

Ninguém nunca foi tão detalhista quanto Bond, ao perseguir milímetro por milímetro o inimigo em *Outro dia para morrer* – e, de quebra, reorganizar o rumo do mundo ocidental, ameaçado por generais coreanos.

A instrutiva série do National Geographic, e qualquer documentário sobre a anatomia humana.

Magnólia
Laranja mecânica
Cidade de Deus
Este obscuro objeto de desejo
A era do gelo
Alien I, II.....
As inúmeras versões de *Frankenstein*.

Para Virgens de cinemateca, recomenda-se qualquer filme do italiano Antonioni. São obsessivamente analíticos e cheios de detalhes.

O presente que vai derretê-lo

Ele não reclamará se ganhar uma furadeira e ela vibrará com um aspirador portátil.

Virgem levaria para uma ilha deserta

Ele: Uma nutricionista bem enxuta.
Ela: Um botânico especialista em massagens com ervas medicinais.

Libra

Minha vida deve estar à altura da minha porcelana chinesa. (Dístico libriano)

22/09 a 22/10

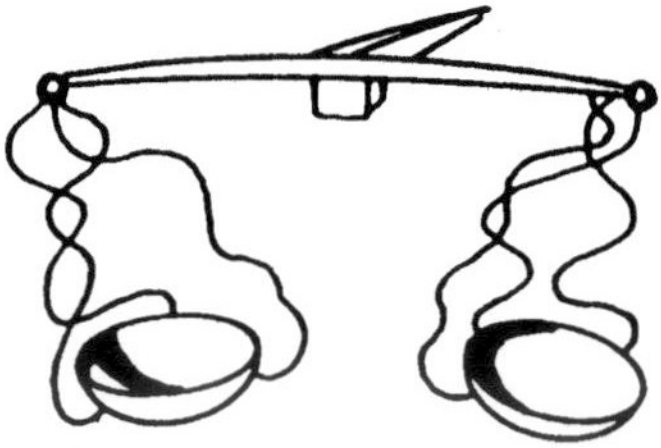

Alguns amigos o convencem a passar num *vernissage l*ogo ali na esquina do restaurante onde vocês vão jantar. Nem bem você atravessou aquela parede humana na entrada da galeria e um sujeito simpático dispara na direção de um de seus amigos. "Nossa, há quanto tempo." E para você: "Acho que ainda não fomos apresentados, mas já ouvi muitos elogios ao seu talento". "Estou incrivelmente feliz em revê-los" – ele continua. – "Olha, a exposicão está incrível. Acho que é a melhor do ano. Os títulos dos quadros são incrivelmente modernos, não fica nada a dever ao Soho. Fiquem à vontade, o vinho que estão servindo é incrível. Não desapareçam, hein, agora que eu reencontrei vocês, não perco mais."

Envaidecido pelo reconhecimento fulminante da sua pessoa – você, que pensava ser um peixe fora d'água num *vernissage* –, cabe-lhe perguntar: "Mas, me digam, quem é esse cara tão atencioso? o dono da galeria? o marido da pintora? o patrocinador dos convites?" Nada disso – provavelmente, nem pintora nem galerista o conhecem, pelo menos até esta noite. Ele é, simplesmente, cem por cento libriano. O grande *promoter* do zodíaco. Alguém cujo sincero desejo de agradar supera todas as convenções.

Um libriano faz as honras da casa até quando a casa não é dele: nada é mais vital para a balança do que os rituais sociais e as boas maneiras, aí incluídos elogios à queima-roupa, frases sob medida e olhares derramados. Mas seria uma calúnia afirmar que ele não passa de um hipócrita bajulador. O libriano acredita honestamente que aqueles quadros da exposição são divinos, e que ter conhecido você foi a coisa mais importante da sua vida – pelo menos até sair para o próximo *vernissage*.

O desejo de agradar da balança está intimamente ligado à imperiosa necessidade de que todos o vejam como a criatura mais agradável da face da Terra: por isso ele se empenha tanto em se tornar a imagem mais charmosa e comentada da noite, competindo inclusive com os próprios quadros. Libra precisa ser aceito socialmente – e isto não é exatamente um defeito. Para um aquariano ou escorpionino, incapazes de dar a devida importância às aparências, este signo regido por Vênus pode parecer um tanto fútil. Mas isso é puro preconceito: o que seria do Olimpo sem sua Afrodite sacudindo os cabelos na espuma da praia? Provavelmente, um antro de deuses brigões, descompostos e sem nenhum talento para aquelas amenidades que adoçam a vida até mesmo de imortais.

TERAPIAS PARA UM LIBRIANO À BEIRA DE UM ATAQUE DE NERVOS

Mesmo no caso da Balança, as aparências enganam: um libriano se desequilibra muito facilmente. O esforço contínuo para ser adorável pode ser apenas um sintoma da síndrome de Groucho Marx: ele jamais entraria para um clube que o aceitasse como sócio, porque lá no fundo não gosta muito de si mesmo. Como nunca lhe passa pela cabeça desagradar, ele é obrigado a contentar gregos e troianos, e nesta contínua oscilação entre uns e outros, o libriano esquece qual era, afinal, a dele.

Uma excelente terapia para resgatar sua identidade original é a "visualização criativa", que pode ser praticada com o auxílio de amadores: alguém se senta na frente do libriano e pede que ele visualize uma macarronada e um sushi; em seguida, pede que ele se concentre nas papilas gustativas e decida, sem preconceitos culturais, qual das duas imagens enche mais a boca. E assim por diante, com um show de rock x uma sonata ao piano, uma loira magra x uma morena sacudida, etc., etc. Este método providenciaria a psicossíntese tão necessária à Balança. No caso da visualização criativa falhar, pode-se recorrer ao hipnotismo: em estado de transe hipnótico, um libriano abandonará sua cortesia e revelará, enfim, se gosta mesmo de charutos ou está fumando porque todos no escritório também fumam. O problema é que, uma vez acordado, o paciente costuma esquecer seus *insights*.

Outro mal que pode afligir Balança, além da perda de identidade, é um surto de Átila, o huno. De tanto recalcar seus impulsos verdadeiros em prol da elegância, os instintos acabam retornando sob a forma de uma identidade de vândalo: é durante essas crises que o libriano vira uma fera e diz e faz coisas impublicáveis até para um ariano. Depois, morre de remorsos – mas já terá arruinado duas ou três amizades. Nestes casos, indica-se a terapia do "grito primal", seguida de análise transacional. Primeiro, o libriano tenta reproduzir aquele urro primitivo com que saudou o mundo, logo ao nascer – urrando disciplinadamente, ele estará a salvo de súbitos ataques de histeria em coquetéis de embaixadas, por exemplo. Depois, ele procura um analista transacional, que ficará repetindo "eu estou OK", "você está OK" por trinta minutos – trazendo-o de volta, assim, ao ponto de partida.

Tipos ideais

(Como se ajeitar, com o maior conforto possível, com cada representante do zodíaco)

ALERTA! *(vale para ambos os sexos)*

Todo libriano, não importa de qual sexo, raça, credo ou idade, comporta-se como uma *allumeuse*, como se dizia antigamente daquele tipo de mulher que bancava a coquete com todos, mas não ia para cama com nenhum. A mania de flertar do libriano é uma espécie de aeróbica das emoções, e serve exclusivamente para massagear sua auto-imagem e evitar a flacidez do ego. Não se amole quando ele insinuar que todo mundo no trabalho está caído por ele – provavelmente está, mas isto lhe basta. Ele jamais vai querer chegar às vias de fato.

Tal qual o leonino, o libriano vive em busca do amor ideal, e, de tantas buscas infrutíferas, acaba se tornando PhD em técnicas de conquista e sedução. Ao contrário do leonino, porém, o coração do libriano bate de fora para dentro: pesa muito, para saber se aquela é a pessoa certa, o que estiver em torno da Balança na ocasião. Assim, se você quiser obter exclusividade no coração de um libriano, é fundamental que, num primeiro momento, concentre todos seus olhares irresistíveis não sobre ele, mas sobre seus amigos e conhecidos. Não há maior afrodisíaco para Libra do que saber que seu parceiro é desejado por todo mundo, ou no mínimo por todo mundo que conta.

"Sua elegância natural impede que ele pareça um manequim de vitrine."

Mas nunca exagere nos olhares: um libriano abomina vulgaridades. Uma vez acertado este pequeno detalhe, não há parceiro mais fiel e dedicado. Ele será uma companhia inseparável, daquelas que fazem tudo junto com você – Balanças nunca funcionam com um prato só. E nos raros momentos em que Libra fizer cara feia, basta dizer, displicentemente: "Hoje eu recebi um convite para aquela festa que todo mundo está disputando a tapa, também, vai ser o maior acontecimento social do ano, mas acho que você está meio indisposto, então vou ligar amanhã e avisar que não vamos". A insinuante ameaça de desistir da festa vai fazer seu libriano melhorar os modos imediatamente, voltando a ser o mais galante dos companheiros.

Combinações possíveis

As melhores

Libra e Áries

O caso dos opostos complementares. O fogoso e ingênuo Carneiro se derrete com os calculados trejeitos librianos. É importante, porém, que o Carneiro jamais perceba que o charme libriano é dirigido a todo mundo, além dele. Só assim eles serão os eternos apaixonados.

Libra e Touro

São ambos amigos das artes e festeiros. Uma combinação perfeita até as onze da noite. Após essa hora, Touro quer voltar para casa e, se possível, para a cama, e não exatamente para dormir. Libra vai irritá-lo, porque só sairá da festa muito tarde, depois do penúltimo convidado.

Libra e Gêmeos

Uma grande dupla de conversadores. Noites em claro teorizando sobre a relação amorosa. Serão o modelo de relação madura. O libriano deve evitar, porém, o péssimo hábito de insinuar que há mais alguém interessado nele. Gêmeos pedirá uma detalhada descrição do presumível concorrente, e pode concluir que "o outro" é mesmo mais indicado, sem dramas, e tirar o time de campo.

Libra e Câncer

A roupa suja nunca será lavada fora de casa, mesmo porque eles vão morar na mesma casa por pouco tempo. O doméstico Caranguejo não agüenta o pique mundano de Libra. Exceção feita aos Caranguejos cuja profissão os obrigue a circular muito, satisfazendo, assim, o básico instinto libriano de ver e ser visto.

Libra e Leão

Aparentemente eles foram feitos um para o outro, e para viverem um longo e delicioso *dolce far niente*. Até que surja uma certa rivalidade social entre eles – qual dos dois, afinal, é a alma da festa? quem tem a agenda de telefones mais completa da cidade? quem brilha mais?

Libra e Virgem

Ambos se constrangem com emoções baratas, isto é, demonstrações de afeto desnecessárias. Vão se portar como cavalheiros e damas todo o tempo. O libriano, porque lhe parece o modo mais distinto de portar-se. O virginiano, porque não saberia fazer diferente. Um casal bastante cerimonioso e estável. Desde que Libra não leve Virgem à bancarrota com sua mania de gastos supérfluos.

Libra e Libra

A mais duradoura das combinações do zodíaco. O cotidiano, o maior fator de corrosão da maioria dos relacionamentos, jamais os atingirá – um libriano nunca aparece de pijama velho na frente do parceiro, ou confessa que está com azia. Libra ao quadrado será uma vida semelhante ao mais glamouroso *outdoor* publicitário. Eles estarão sempre agradavelmente atarefados mantendo as aparências.

Libra e Escorpião

O Escorpião está naturalmente vacinado contra o charme de Libra, que, por sua vez, não vai suportar a mania escorpionina de ir fundo nas coisas. Para o escorpionino, o libriano é um frívolo insuportável. Para Libra, Escorpião é um desagradável criador de caso. Juntá-los seria algo como promover o encontro do *promoter* do Fashion Week com o último dos revolucionários bolcheviques: eles não vão ter o que conversar. Podem, porém, passar algumas tardes agradáveis experimentando coquetéis de vodka.

Libra e Sagitário

Os dois são extrovertidos, ligeiramente esnobes e detestam vulgaridades. Vão se dar muito bem no perímetro urbano de festas, visitas a museus e jantares regados a conversas espirituosas. Vai ser um pouco mais difícil se Sagitário quiser conversar, diletantemente, sobre o cristianismo primitivo – Libra só está preparado para falar sobre as religiões da moda, como o I Ching, por exemplo. Será ainda mais espinhoso quando Sagitário convidar o libriano para um fim de semana na Chapada Diamantina. "Quem vai estar lá?", perguntará a Balança, e vai ser duro convencê-la de que tatus, preguiças e emas sejam companhias chiques.

Libra e Capricórnio

Boa mistura. Namoro, noivado e casamento, tudo no tempo certo. Ambos gostam de selar alianças, sobretudo se nelas entra algum sobrenome de peso. São dois que sempre sabem o que querem, embora o demonstrem de maneira muito desigual. Capricórnio correrá atrás de suas metas de modo circunspecto e reservado. Libra adaptará seus métodos às circunstâncias: se as metas exigem gravata, apertará o nó; se pedirem um traje à fantasia, não economizará em plumas e paetês. Chegarão lá, juntos.

Libra e Aquário

O mais provável é que passem um pelo outro sem se notar. É que ambos são tão ligados na convivência grupal que dificilmente ficarão a sós, num *tête-à-tête* comprometedor. A chance é se conhecerem quando estiverem participando do mesmo grupo. Uma chance um pouco remota, contudo: aquarianos adoram se filiar a grupos absolutamente gratuitos, como a sociedade dos amigos dos gatos siameses ou o clube dos jogadores de botão. Libra não teria muito o que fazer em nenhum deles. Para amizades coloridas, porém, é perfeito.

Libra e Peixes

As incomparáveis boas maneiras librianas não conseguirão amortecer a hipersensibilidade pisciana. Peixes quer alguém que o proteja e ampare todos os minutos do dia, e Libra tem mais o que fazer – novos contatos, coquetéis, recepções – do que bancar o príncipe encantado.

Como manter o caso firme

(E agüentar as conseqüências)*

Sogra

Família é muito importante para o libriano, pois foi no seio dela, afinal, que aconteceu a primeira festa de sua vida. Para que você se encaixe no padrão de harmonia familiar dele, basta tratar a sogra como a convidada de honra toda vez que ela aparecer. Nada de um macarrãozinho de última hora ou de pedir para ela dar uma olhada nas crianças enquanto você corre até a esquina para comprar as bebidas. A mãe de Libra deve ser recebida como se fosse a própria rainha Victoria, em toda sua vitoriana majestade, que estivesse atravessando a soleira da porta.

Casa

Nunca será desmazelada – mesmo que ele esteja acampado numa choupana nas Montanhas Rochosas, descobrirá o arranjo floral de cactos ideal para o ambiente. Quanto à residência permanente do libriano, ela é praticamente perfeita, pois mistura mobília estilo Memphis com pesadas mesas de mogno, e *design* italiano com luminárias *art-déco*. Aquele tipo de casa que diz tudo sobre o senso estético, os gostos e as manias mais íntimas do decorador contratado.

Os meus, os seus, os nossos

Mamadeiras, fraldas, chicletes sob as mesas, berreiros noturnos e cenas operísticas na hora de escovar os dentes podem extinguir a natural inclinação do

* V.P.A.S. (Vale para ambos os sexos)

libriano pelo casamento. Ele, porém, consegue uma proeza digna do Nobel da Paz: muitas vezes faz com que os seus, os dele e os vossos milagrosamente se comportem como as crianças de antigamente, aquelas que iam para a cama na hora certa sem que se precisasse recorrer a atos terroristas.

Amigos

Freqüentar é a primeira natureza libriana. Estarão sempre rodeados de pós-modernos, neo-*yuppies*, neo-*hippies*, intelectuais da moda, modelos, decoradores, *superstars*, enfim, de todo mundo que tira o sustento da própria imagem. É exatamente por isto que os librianos têm o maior, mais variado e renovável círculo de amigos do zodíaco: não se espante se Libra estiver hoje com um deputado por Alagoas, amanhã com uma cantora lírica e depois de amanhã acompanhado de um monge trapista. Todos os três, com certeza, são pessoas muito sensíveis, e foram manchete de alguma revista recentemente.

Brigas

Eles não nasceram para tomar satisfações, mas para pedir – e conceder – favores. Agem com tamanha delicadeza e bom tom que raramente recebem uma recusa. São muito reconhecidos, também, e sempre devolvem na mesma moeda: se você arranjou ingressos daquele show com lotação esgotada para um libriano, saiba que seu dia de boca-livre também chegará.

O esporte sob medida

Jogos de salão caem como uma luva. Pode até ser o antiquado *War*, ou um torneio de videogame, uma dança de salão, um comércio de frases brilhantes e inspiradas. Conquistas anônimas em festas também são uma vocação esportiva do libriano – embora ele nunca fique para receber o prêmio.

Como, quando e para onde viajar

Naturalmente, o ideal seria ir a Nova York para aquela retrospectiva do pintor Matisse, ou a Londres para uma festinha do Mick Jaegger. Librianos só vão para os lugares onde as coisas acontecem. Isto é muito sábio da parte deles, porque evita gastos supérfluos – para circular entre gente interessante ou acompanhar os últimos gritos (da moda ou seja lá do que for) às vezes não é preciso sequer sair do lugar. Librianos, aliás, nunca vão para Nova York, mas para Manhattan, o que os distingue bastante dos onze outros tipos de viajantes.

Roteiros acima de qualquer suspeita

Todos aqueles que estão na moda. Bali já era. Tóquio ainda é. Nova Zelândia pode ser.

Kit de viagem

O fundamental é o *nécessaire* com todos os cremes, perfumes, gel e xampus indispensáveis para fazer uma boa figura. Roupas, é melhor deixar para comprá-las depois do desembarque, assim ele consegue o efeito apropriado ao local. Convém colocar alguns presentinhos na mala: pedras não-preciosas, amuletos exóticos, algum romance sobre o ciclo do cacau, enfim, algo com que agradar as muitas pessoas que o libriano terá o prazer de conhecer.

Moda Libra

É aquela com que sonha todo estilista. Um libriano jamais usa um modelo de casaco ou um tecido da estação passada. São tremendamente *fashion*. E como são, também, naturalmente elegantes, nunca correm o risco de parecer manequins de vitrine.

Noitadas e comilanças

Um libriano não gosta muito de decidir onde vai jantar – sua sugestão pode não agradar ao parceiro, e ele não se perdoaria. Mais importante que a comida ou a música ambiente é a mesa onde ele vai se sentar: se estiver espremida no fundo ou num canto esquecido, ele se ressentirá durante toda a noite. Mesas logo na entrada de lugares recém-inaugurados dão-lhe um enorme apetite.

A biblioteca de Libra

Se há um autor cuja obra cala fundo na sensível consciência libriana é o dramaturgo Oscar Wilde. Mas não é necessário ler suas peças, cáusticas demais: basta imitar seu estilo, algumas de suas frases e seu dandismo incomparável. Para librianos mais pragmáticos, recomenda-se como livro de cabeceira aquele que estiver no topo de uma lista de *best-sellers*, não importa sobre que assunto – mesmo que eles não leiam o livro inteiro, nunca poderão ser acusados de estar desatualizados.

A videoteca de Libra

Como Bond não anda muito na moda, um libriano sensato escolheria um hipotético, futuro *remake* do *Satânico dr. No*. Digitalizado e descolorizado, e com

Ursula Andrews emergindo do mar num modelito *fashion*, em vez do biquíni.

Todos os musicais de Hollywood.

Todos os filmes de Doris Day, se possível em sessão especial.

As inúmeras versões do indeciso *Hamlet*.

Prêt-a-porter

Legalmente loira

Morte em Veneza

Filmes franceses em geral, e escandinavos no momento.

Para Balanças de cinemateca, recomenda-se *O crepúsculo dos deuses* (*Sunset boulevard*) de Billy Wilder: uma história inequivocamente libriana.

O presente que vai derretê-lo

Ideal seria você proporcionar-lhe aqueles quinze minutos de fama a que todo mundo tem direito depois de Andy Warhol.

Libra levaria para uma ilha deserta

Ele: a modelo da última capa da Vogue.

Ela: a personalidade estampada na última capa da *Newsweek*. Pode ser esportista, milionário ou político republicano, só não pode ser o Saddam Hussein.

ESCORPIÃO

ERRAR É HUMANO. PERDOAR NÃO É A NOSSA POLÍTICA. (ESCORPIONINO DISFARÇADO DE AUTOR)

23/10 A 21/11

Não se deixe levar pelo preconceito. Se você cruzar com um tipo honesto, corajoso, íntegro, intenso, magnético, profundo, reservado, perspicaz, enigmático e fiel até que a morte os separe, corra e agarre esta oportunidade, porque você terá topado com um escorpionino. Seu astrólogo diz que os Escorpiões são traiçoeiros? Mude de astrólogo, porque o Escorpião tem um senso de lealdade só comparável ao de um mafioso siciliano – se você mantiver sua palavra, ele manterá a dele até debaixo de uma saraivada de balas. Sua melhor amiga diz que os Escorpiões são *don juans* incuráveis? Troque de amiga, porque o Escorpião, embora tremendamente ligado em sexo, é tão seletivo que prefere uma vida monástica a transar com qualquer um. Você andou lendo que o Escorpião é dissimulado? Largue este livro pelo último de Agatha Christie, pois a notória reserva escorpionina não tem nada a ver com hipocrisia.

Um Escorpião nunca mente, só omite – e na maior parte das vezes está repleto de razões, porque sua fabulosa antena psíquica pescou que o interlocutor em questão não é lá muito confiável. Esta, talvez, seja a principal característica deste signo cujo mito mais esclarecedor é o de Lúcifer, o anjo decaído, não por noitadas em excesso, mas por uma lucidez além dos limites: o grande pecado do Escorpião, como o do ex-anjo, é um orgulho excessivo. Excessivo, mas não descabido. O probleminha de Lúcifer era que enxergava certas razões ocultas por trás da cantoria dos querubins – um desejozinho secreto de promoção naquele arcanjo que emitia uma nota mais aguda. Por isso ele acabou expulso do Paraíso, onde críticas não são facilmente digeridas. A mesma complicada sina ocorre com os terrenos escorpioninos: como eles são providos de uma espécie de olhar de raio X, que detecta as piores intenções até nos melhores sorrisos, acabam se tornando ossos duros de roer.

"O Escorpião tem um senso de lealdade só comparável ao de um mafioso siciliano."

Um escorpionino tem um faro incomparável para imposturas, o que lhe torna difícil a vida em sociedade. Isto o transforma, muitas vezes, num introspectivo de cenho franzido: sua capacidade de captar algo de podre no reino da Dinamarca não tem paralelo, em todo o zodíaco e em qualquer estatística. Mas se o Escorpião saca tudo, inclusive o pior de cada um, é porque tem uma sensibilidade que chega às raias do insuportável. O que o torna, também, muito solidário com o sofrimento alheio – nada a estranhar que Gandhi tenha ascendente Escorpião. Um Escorpião nunca foge de problemas. Não fuja dele, portanto, a não ser que você queira passar o resto da vida bocejando entediado.

Terapias para um Escorpião à beira de um ataque de nervos

O Escorpião tem uma incontrolável tendência a se atormentar, culpando-se por tudo que dá errado a sua volta, e num raio de milhares de quilômetros além, Bósnia, Croácia e Cambodja incluídos. Como ele jamais pega leve, nem quando está de férias, esta mania de carregar o mundo e seus males pode se tornar meio desconfortável para aqueles que o cercam e pretendem apenas tomar mais uma bebidinha e prosear. Como, igualmente, um Escorpião nunca se lamenta ou faz papel de vítima – o que ocorre muito com os outros dois signos de água, Peixes e Câncer – é preciso se tornar um telepata para saber exatamente o que vai mal com seu Escorpião de estimação.

"Leve-o aos becos escuros do Marrocos, às ruelas do gueto judaico em Veneza, aos precipícios da Transilvânia – ele vai relaxar."

Se for uma mera insatisfação com tudo, deixe estar – isto não tem cura. Se for uma depressão profunda, daquelas que o arrastam para a cama e não para fazer o que ele tanto gosta, algumas providências são necessárias. Nada de terapias de apoio, porque um Escorpião jamais vai acreditar que ele está OK e o mundo está OK. Uma terapia de choque é a mais recomendável: uma passagem só de ida para Bagdá, ou um passeio às seis da tarde por qualquer dos pontos das grandes capitais brasileiras onde se concentram os menores infratores vai ajudar o Escorpião a retomar o contato com a realidade e obrigá-lo a reconhecer que há outros infernos ainda piores que seu inferno interior. Um pouco menos arriscada é a técnica de auto-análise. Todo Escorpião é um investigador nato, e isto explica por que eles dão excelentes psicanalistas.

Em contrapartida, dão péssimos pacientes, já que nunca vão superar completamente a sensação de que aquele camarada sentado na poltrona atrás do divã está calado porque, no fundo, sabe menos do que ele. O Escorpião lucra mais se pagar uma faculdade de psicologia em vez dos honorários de um psicólogo avulso. É claro que às vezes não se pode esperar cinco anos escolares para resolver uma crise. Mas crises, na verdade, não atrapalham este signo. Ao contrário, ele precisa delas para se reciclar periodicamente. E acaba sempre levantando, sacudindo a poeira e dando a volta por cima.

Tipos ideais

(Como se ajeitar, com o maior conforto possível, com cada representante do zodíaco)

ALERTA! *(vale para ambos os sexos)*

Nunca se aproxime de um Escorpião se você pretende apenas uma companhia divertida para o sábado à noite. Os Escorpiões têm humores imprevisíveis, e além do mais vão exigir cinco dias por semana, além do *weekend* e as 24 horas completas do dia, nem um minuto a menos. Tamanha possessividade tem suas compensações – uma vez conquistado, conte com ele para o que der e vier, pois a paixão escorpionina não se abala diante de umas rugas ou quilos a mais.

O Escorpião custa a cair de amores, mas quando

se resolve é o mais sério e incondicional parceiro. Não dê ouvidos a quem diz que o Escorpião é uma Messalina ou um sátiro descontrolado: os Escorpiões detestam promiscuidade, justamente por levarem o sexo muito a sério. Um Escorpião geralmente boceja de tédio diante de manuais sexuais e nunca é uma presa fácil do primeiro par de pernas que cruza a sua frente. Sexo, para ele, é quase uma obra de arte – não um mero modo de relaxar, como para tantos no zodíaco.

"Poucos são admitidos na toca do Escorpião."

Nada o conquista mais, portanto, que uma certa intensidade ambígua, como dizer uma coisa com o olhar e outra com as palavras, no momento em que você for apresentada ao Escorpião ideal. Mantendo um permanente ar de mistério e uma absoluta discrição no que diz respeito a ele – o Escorpião jamais perdoa inconfidências – você terá o mais sólido parceiro para uma maravilhosa e esgotante vida a dois.

Combinações possíveis

As melhores

Escorpião e Áries

O casal perfeito se ainda vivêssemos na impoluta Idade da Pedra Lascada: parceiros na luta pela sobrevivência, sócios nas caçadas, espíritos livres e sem muita disposição para conversa mole. Mas como vivemos numa era mais sofisticada onde nada é o que parece, eles terão dificuldades para serem convidados para uma biriba com outros casais: de repente, eles podem tocar num assunto muito incômodo para a sobrevivência dos casais em geral, como o tédio conjugal. Entre eles, porém, tudo correrá maravilhosamente, apesar dos pratos quebrados.

Escorpião e Touro

O encontro do erotismo com a sensualidade. Recomendável só para maiores. Muitas horas inesquecíveis na cama, e bons prognósticos fora dela. Nunca vão precisar de terapia de casais, porque a química natural entre eles resolve até mesmo a fatídica crise dos sete anos de casamento.

Escorpião e Gêmeos

O Escorpião vive de reações viscerais. O geminiano, de formulações lógicas. Gêmeos pega leve, escorpião mergulha fundo. Gêmeos quer velejar nos feriados, Escorpião prefere um *workshop* de florais de Bach. A convivência não será estimulante, a não ser que Gêmeos providencie um enigma novo por mês: quem seria o autor daquelas cartas anônimas? de quem seria a misteriosa echarpe azul que ele achou no porta-malas do carro? que curso é esse que ela faz toda quarta ao meio-dia? Isto manterá o escorpião ocupado, e interessado.

Escorpião e Câncer

Até mesmo o destemido Escorpião precisa de um lar, e qualquer Caranguejo, mesmo os mochileiros, são o lar sob medida para um escorpionino. Excelente combinação: ambos adivinham que por dentro de suas duras carapaças há dois seres radicalmente sensíveis. Compreensão e empatia à primeira vista.

Escorpião e Leão

Escorpião vive bem nos bastidores, Leão definha sem um palco. Escorpião fica muito à vontade sozinho, Leão precisa de uma corte permanente a seu redor. Leão é festeiro, Escorpião mais reservado. A melhor receita para a vida a dois, no caso destes dois, é manter casas separadas. Só assim eles poderão viver tranqüilamente a violência e a paixão de seus signos.

Escorpião e Virgem

Escorpião sente uma atração incontornável por tudo que é enigmático. Virgem também, mas quer cada coisa no seu lugar, e a seu tempo. Não suportará as tentativas escorpioninas de aprender violino aos cinqüenta anos, ou as noites em que o Escorpião desaparece e só volta de manhãzinha. Mas como são ambos fidelíssimos e seriíssimos, cada um a seu modo, a ligação tem tudo para ser duradoura.

Escorpião e Libra

O libriano acabou de conhecer um aspirante a astro de rock e chega em casa todo entusiasmado. "Que cara incrível", começa a dizer, mas antes de poder entrar nos detalhes do cabelo do roqueiro, o Escorpião vai interrompê-lo. "Incrível por quê? Você nem mesmo ouve rock." Se o libriano agüentar esse constante cara-a-cara com a verdade, e o Escorpião tolerar a sutileza e o deslumbramento librianos, há chances.

Escorpião e Escorpião

Tudo ou nada. Como ambos são providos do tal olhar de raio X, não adianta fingir ou blefar. Como são igualmente ciumentos, exclusivistas, suscetíveis e complicados, será jogo duro. Ninguém cede, reclama ou pede desculpas. Se se desentenderem, sustentarão o olhar um do outro com a típica *poker face*, sem mover um músculo, só remoendo a vingança futura. É melhor, portanto, se entenderem logo de cara, já que o magnetismo entre eles é demais.

Escorpião e Sagitário

Muito instável e improvável, algo como querer deter uma flecha em pleno vôo. O arqueiro vai se alarmar com a mania do Escorpião de querê-lo grudado em período integral, e escapará na primeira oportunidade. Suas fugas podem estimular o Escorpião uma vez ou duas, até que ele finalmente compreenda que as desaparições do Sagitário não são um artifício de sedução, e sim sua firme intenção. O crônico otimismo do Arqueiro também se choca com o atávico pessimismo escorpionino. O melhor seria que estes dois mantivessem apenas encontros esporádicos, ou, se o caso for muito sério, não tentassem jamais compreender um o outro.

Escorpião e Capricórnio

Toda vez que o Escorpião entrar em erupção vulcânica, o que será muito freqüente, terá no capricorniano um parceiro firme, sólido e que jamais se deixará impressionar por espirros de lava incandescente. O Cabrito montanhês é o único que passa incólume por uma explosão escorpionina. Capricórnio é aquela placidez com que todo Escorpião sonha: alguém que continuará trocando a lâmpada da sala enquanto ele tem um repente e pede a separação. Às vezes é melhor não levar a sério os ímpetos aniquiladores do Escorpião, e nisso ninguém se iguala a um Capricórnio, que sabe dar tempo ao tempo, e sabe igualmente que essa história de divórcio é só fogo de palha.

Escorpião e Aquário

"Vou dar umas bandas com o pessoal", avisa o aquariano com a mão na maçaneta da porta. "Bandas? Você agora deu para utilizar a linguagem dos anos 80? Bom, até que está mais de acordo com sua idade, afinal é a gíria da sua geração", comenta de leve o Escorpião. Um aquariano incauto pode ficar chateado com esta desnecessária menção a sua idade, e tirar a mão da maçaneta para esclarecer a diferença entre ser velho e sentir-se velho. Caiu na armadilha. O que o Escorpião queria mesmo era saber quem é o tal "pessoal", mas, sendo arrogante demais para admitir um trivial ataque de ciúmes, enredou o parceiro numa discussão que o fará perder a hora e o encontro. Esta combinação só funciona se o aquariano fizer um curso intensivo de segundas intenções.

Escorpião e Peixes

Uma batalha invisível, sutil, perene e silenciosa. Escorpião não cai no conto do lacrimoso, que é o truque pisciano para manter as coisas como bem entende. Peixes também não se deixa abalar pelos silêncios enraivecidos do Escorpião, sua técnica infalível de chantagem. Os dois são mestres nas artes do subliminar. Como são, igualmente, donos das duas maiores imaginações do zodíaco, viverão uma constante fantasia a dois, loucura a dois e folia a dois.

Como manter o caso firme

(E agüentar as conseqüências)*

Sogra

A mãe do Escorpião – como o melhor amigo, o disco preferido e outras propriedades exclusivas dele – deve ser tratada com tato e poucas intimidades. Por mais que ela queira trocar receitas e tagarelar, nunca exagere na dose dos encontros e conversas telefônicas, senão ele pode se sentir roubado. A mãe é dele, ponto e basta. E jamais, mas nunca mesmo, fofoque com ela. Até a mais inocente confissão – ele gosta de ovos quentes de dois minutos – pode ser interpretada como indiscrição, para não dizer uma conspiração das duas contra a privacidade escorpionina.

Casa

Poucos são admitidos na toca do Escorpião. Sua casa é sua fortaleza – cercada de muralhas de um quilômetro e um fosso cheio de crocodilos. Lá dentro ele guarda sua mais preciosa intimidade, como alguns tótens trazidos de uma viagem pelos Andes, um tapete pisado pelo Dalai Lama e uma edição rara do *Inferno* de Dante. Se você for convidada a passar a noite em meio a estes objetos carregados de biografia, relaxe e saiba que teve a honra de ser considerada um ser muito especial.

Os meus, os seus, os nossos

Embora um tanto frio e distante com os pirralhos, o Escorpião é um progenitor extremamente responsável, e será tão possessivo com os filhotes dele como com

* V.P.A.S. (Vale para ambos os sexos)

os seus. Não interfira na educação que ele está dando para o dele, o seu ou os vossos, senão ele pedirá separação com guarda dos menores. Há, também, uma variedade escorpionina extremamente liberal, que costuma entregar as chaves da casa para o guri quando ele completa cinco anos. Mas não há por que se alarmar. Os cartões de crédito só caem nas mãos das crianças mais tarde, depois que elas completaram oito anos.

Amigos

Escorpiões não são muito chegados a beijinhos e abraços, e detestam que os segurem no braço durante uma conversa. Nunca se descontraem totalmente na frente dos outros. São doentiamente criteriosos na escolha dos amigos: pouquíssimos e excelentes. Um Escorpião é também capaz de tudo por um amigo, da abnegação mais devotada, da solidariedade mais incondicional. E de uma *vendetta* ciclópica se este amigo ousar, ainda que em pensamento, trair sua confiança.

Brigas

O senso de justiça escorpionino, muito arraigado, obedece à lei de Talião: insulto por insulto, traição por traição. Um Escorpião não dá ponto sem nó, e costuma colecionar inimigos à altura – só briga com quem tem em alta consideração. Aos adversários pé-de-chinelo ele reserva uma gélida indiferença. Escorpiões adoram atiçar polêmicas, e são mordazes como ninguém. Meça as conseqüências antes de falar, e nunca avance o sinal. Evite brigas sérias – um Escorpião ferido pode esperar a vida inteira, mas não renunciará ao sabor da vingança, um prato, aliás, que é ainda melhor quando servido frio.

O esporte sob medida

Se há alguém com quem o Escorpião está sempre se medindo é com ele mesmo. "Conhece-te a ti mesmo", aquela frase na porta do oráculo de Delfos, é certamente um lema inventado por algum grego do signo de Escorpião. Assim, ele não vai achar a menor graça em derrotar a outra equipe do vôlei ou a outra turma do futebol de salão. Seus esportes são aqueles em que ele deve ultrapassar o próprio marco, de preferência marcos um tanto belicosos. As artes marciais são seu terreno: karatê, judô, aikidô, kendô. Praticando-as, o Escorpião aprende a controlar seus inatos impulsos de botar para quebrar.

Como, quando e para onde viajar

Ninguém manda num Escorpião – às vezes, nem ele mesmo. Escorpiões jamais suportariam um roteiro pré-fabricado, ou andar em bando, ou dividir o quarto de hotel com algum estranho. Também não viajam para descansar, e sim para investigar algum mistério. Proponha um passeio por Jerusalém, com parada obrigatória no Muro das Lamentações, ou uma visita às grutas de Marabar, na Índia. Suas viagens têm que estar envoltas em enigmas ou propósitos inalcançáveis. Ele só se divertirá em Nova York, por exemplo, se estiver comentando o superávit primário do Brasil – se fosse para assistir aos musicais da Broadway, ele cochilaria na cadeira.

Roteiros acima de qualquer suspeita

Os becos escuros do Marrocos, as ruelas do gueto judaico em Veneza, os bairros alternativos de Berlim, as estradas à beira de precipícios na Transilvânia. Em qualquer destes lugares ele se sentirá relaxado.

Kit de viagem

Como um Escorpião não viaja para se exibir, e sim para observar e passar despercebido, basta-lhe uma carteira recheada de cartões de crédito. Com isso ele pode comprar o que a ocasião exigir, inclusive um cinto de utilidades para os atalhos perigosos que vai tomar.

Moda Escorpião

A que ele ditar. Ninguém o obriga a usar uns jeans justos se ele se sente oprimido. Com Escorpiões, cada cabeça, uma sentença. A única coisa que todos eles abominam, unanimemente, é a vulgaridade. Você jamais verá um Escorpião fêmea de míni e salto sete, ou um Escorpião macho de camisa desabotoada até o umbigo.

Noitadas e comilanças

Escorpiões fogem das multidões. Discotecas e festas-baile não são com eles. *Nightclubs* são tolerados desde que a pista de dança não ultrapasse vinte metros quadrados. Bistrôs têm que ser minúsculos. Mas o que eles apreciam mesmo é freqüentar a noite sozinhos, numa espécie de *tour* de bares do lobo solitário. Atenção: eles saem destes covis noturnos como entraram, totalmente desacompanhados. Portanto, não há motivo para chatear-se. Escorpiões também são bons bebedores, e nunca perdem a pose ou se tornam sentimentais depois do sexto uísque.

A biblioteca do Escorpião

Seu livro de cabeceira é *Crime e castigo*, do russo Dostoiévski. A obra completa de Dostoiévski, aliás, é indispensável para o seu lazer. Para leituras mais amenas, recomenda-se *A obra em negro*, de Marguerite Yourcenar; *O som e a fúria*, de William Faulkner, ou o *Macbeth* de Shakespeare. Não tentem impingir-lhe uma dessas obras pós-modernas, onde nada acontece além das dúvidas do autor acerca da morte do romance ocidental – o Escorpião tem mais o que fazer.

A videoteca do Escorpião

James Bond, antes de chegar às telas, nasceu como protagonista dos romances de Ian Flemming, um escocês rico, culto e rebelde. O Bond original, do livro, é do signo de Escorpião. O que explica tudo.

Todos os filmes de suspense.

Todos os filmes do gênero "humanitário", de preferência em ambientes colonialistas e exóticos como Birmânia, Vietnã, Cambodja ou Afeganistão.

Filmes iranianos.

O paciente inglês

21 gramas

Dançando no escuro

De olhos bem abertos

O senhor dos anéis I, II,....

Para Escorpiões de cinemateca, recomenda-se o cineasta russo Tarkovsky, sobretudo em *O sacrifício.*

O presente que vai derretê-lo

Um anel de opala seria perfeito, pois esta pedra, como o signo, tem injusta má fama. Ou um modesto par de meias de algodão. O fundamental é que o presente seja dado na hora mais inesperada, longe das datas convencionais.

O Escorpião levaria para uma ilha deserta

Ele: Sharon Stone.
Ela: Jeremy Irons, ou ninguém.

Sagitário

Tenho sempre razão e estou sempre certo.
(Um Sagitário modesto)

22/11 a 20/12

Ele chega em casa disposto a pegar uma ducha rápida e uma sessão das dez quando o telefone toca. O sujeito do outro lado da linha nem é assim tão amigo, e menos ainda o camarada que se meteu numa enrascada, e que é o motivo do telefonema: "Lembra do Juca, aquele que joga bilhar às vezes com a gente, bateram no carro dele e fugiram, e ele ligou do orelhão pedindo para eu dar uma força, mas como meu carro está na oficina, queria saber se você pode quebrar o galho". O sagitariano não fica muito satisfeito, mas vai – não seria ele quem iria deixar na mão, a pé, um cara franzino como o tal Juca. Encara a missão, e atravessa a cidade para resgatar o Juca do bilhar – e quando verifica o tamanho do estrago da batida, não se limita a chamar um guincho, mas exige que o Juca (que, a essas alturas, só quer remover o carro e tomar duas aspirinas) passe num tribunal de pequenas causas e peça indenização, já que havia anotado o número da chapa do facínora, e, ora, o Juca tem mais é que fazer valer seus direitos. Não adianta o Juca protestar que está cansado, o tribunal é longe, e, ademais, não há testemunhas, e etc. e tal: para um sagitariano, trata-se de uma questão de princípios. E princípios são incontornáveis.

O Arqueiro é aquele que estará sempre lembrando-lhe os seus direitos – quando não estiver chateando com os seus deveres – e parece ser, igualmente, o único tipo do zodíaco que acredita que a justiça, além de cega, é certeira. Acene com uma causa – política, científica, religiosa, musical – que o Sagitário vai disparar feito uma seta em defesa dela, com uma empolgação só equiparável a sua proverbial falta de tato. Alguém faliu porque foi sangrado pelos bancos? O Sagitário tentará um novo financiamento. Alguém foi demitido nos últimos cortes da empresa? O Sagitário passará um abaixo-assinado entre todos os funcionários da firma, incluindo seu chefe. Alguém na reunião de condomínio protesta porque sua empregada sobe pelo elevador social? Como ele adora escandalizar a galera, vai emudecer os condôminos, declarando "vocês se enganaram, ela é minha namorada".

Gozador, franco, inimigo de todo subterfúgio, o Arqueiro sempre faz e diz o que pensa, e na maioria das vezes faz e diz sem pensar. É aí que ele leva grandes tombos, despencando direto do Olimpo de seus nobres ideais para uma realidade menos acolhedora. É quando descobre, por exemplo, que o culpado da batida foi o próprio Juca, e por isso ele demonstrava tanta resistência aos tais direitos. Sagitário, com sua mania de andar sempre de cabeça empinada, hipnotizado por metas longínquas, vive tropeçando nos próprios pés. Nada grave, porém: ele continuará otimista, porque nasceu sob o signo de

Júpiter, o mais mão-aberta dos deuses. E sua sorte, mesmo que tarde, jamais vai falhar.

Terapias para um sagitariano à beira de um ataque de nervos

São três os distúrbios mais freqüentes num sagitariano: otimismo incurável, ansiedade crônica e tédio mortal. O primeiro pode ser suavizado, embora nunca completamente sanado: recomenda-se cair na real de vez em quando, e aceitar o emprego oferecido, ainda que o salário seja miserável e ofensivo, porque dificilmente ele vai viver do prêmio da Mega Sena, apesar de jogar toda semana. A ansiedade crônica pode ser tratada à base de pílulas de maracujina, litros de suco de maracujá ou gotas homeopáticas calmantes, mas mexer o corpo dá resultados mais rápidos. Longas caminhadas sossegam o sagitariano: passear pela vizinhança ou praticar um *jogging* diário faz maravilhas, desde que o intrépido Arqueiro não teime em andar por locais ermos em horas impróprias sem a companhia de um bom *pitbull*.

"Finja que concorda com tudo, ele vai se acalmar em poucos minutos."

Se o sagitariano não dispuser de um parque ou quarteirão arborizado próprios para suas andanças, pode se matricular num curso de sapateado, onde, pisoteando o chão por uma hora, se libertará de toda a ansiedade acumulada no horário comercial. Quanto ao *tedium vitae*, a mais grave das afecções que o Sagitário pode contrair, o remédio é fácil: basta ele inventar uma nova meta, qualquer uma, aprender a pilotar um Boeing ou a falar o chinês clássico. O Arqueiro pode desistir do brevê de piloto um mês antes do exame, e não passar das primeiras três aulas de mandarim, mas estará curado no meio do caminho.

Há quem se alarme com os ataques de nervos dos sagitarianos – ocasiões em que eles são pródigos em aplicar aos outros os epítetos "burro" e "incompetente" – e tente enquadrá-los, sugerindo que eles consultem um profissional. Perda de tempo. Arqueiros não param quietos em casa, menos ainda no divã. E não toleram gente presumida que se acha dona da verdade – entre o dogma do complexo de Édipo e um dogma que o sagitariano acabou de bolar, é óbvio que ele prefere o dele. Assim, se você estiver diante de um típico surto sagitariano, não discuta. Finja que concorda com tudo, porque ele vai se acalmar em poucos minutos, e então estará pronto para ouvir e concordar.

Tipos ideais

(Como se ajeitar, com o maior conforto possível, com cada representante do zodíaco)

ALERTA! *(vale para ambos os sexos)*

Dizem que um Sagitário não pode ver um rabo-de-saia – ou uma barra de calça – sem ficar imediatamente enrabichado. Dizem bem. O sagitariano é um entusiasta incorrigível, e o sexo está incluído nisto. Assim, se ele se declarar fatalmente caído no primeiro encontro, telefonar cinco vezes por dia, comprar dúzias de rosas semanais e prometer cortar os pulsos se você não ligar à noite, estará apenas flertando, do modo habitualmente exagerado destes jupiterianos. Na semana seguinte ele pode simplesmente esquecer que marcou um encontro, quanto mais as juras de amor e suicídio.

> ***"O Sagitário é apadrinhado pelo mais mão-aberta dos deuses do Olimpo."***

A concepção sagitariana de romance é muito esportiva. Algo como o recorde das mil milhas de casos – e eles, ou elas, são honestamente devotados a todos. Por isso um Arqueiro acha o fato mais natural do mundo contar para sua nova namorada que ela é a trigésima quarta em sua vida – acrescentando, sinceramente, que é a mais incrível. Para que ela seja também a definitiva, é necessário adotar uma estratégia de displicente autocontrole: nunca perguntar ao seu Arqueiro com quem ele passou o carnaval, nunca lhe dar ultimatos, jamais partir para cenas melosas, e encarar os revezes como semifinais, não a finalíssima do campeonato.

Tamanha esportividade conquistará irreversivelmente o coração sagitariano. Lembre-se de que Zeus vivia dando suas escapulidas, disfarçado de cisne ou Touro, mas sempre voltava para os braços de Juno, sua mulher legítima. E não conseguia viver sem ela. O segredo do Arqueiro é que ele não passa de um moleque – ou menininha – que tem a boca maior que o estômago. Não leve a sério a gula sagitariana, e você será o feliz proprietário de um campeão em cumplicidade, solidariedade e amizade. E um amigo, para o Sagitário, vale cem amantes.

Combinações possíveis

As melhores

Sagitário e Áries

Áries para Sagitário, no telefone: "Vou passar aí". Sagitário: "Agora não dá, porque meu ex-namorado acabou de ser demitido, está numa pior e veio aqui para eu dar uma força". Áries pega o carro disposto a aparecer e quebrar o queixo do camarada. Encontra Sagitário fazendo um discurso grandiloqüente sobre o dever de ser feliz para um cara deprimido, todo encolhido no sofá. Os três acabam tomando um uísque juntos, como velhos chapas.

Sagitário e Touro

O ponderado taurino poupou o ano inteiro para eles comprarem mais 20% das ações daquela empresa que vai estourar. O sagitariano não sabia, e detonou a poupança em duas passagens para Bali. É melhor que eles continuem eternos namorados, assim o taurino poderá viajar sem culpa, e o sagitariano exultará porque seu Touro nunca tocou na palavra casamento.

Sagitário e Gêmeos

Trocarão idéias até caírem de cansaço. São o caso dos opostos complementares. O fogoso Arqueiro e o gelado geminiano. O dogmático Arqueiro e o volátil geminiano. Problemas surgirão quando o Sagitário tiver ímpetos de arrebatar o geminiano, que achará tudo muito interessante e engatará numa conversa sobre impulso sexual e afinidades ideológicas. A urgência sexual sagitariana, além de insatisfeita, pode reverter em fúria. O inteligente Gêmeos, porém, saberá dar um jeito, nem que seja na prática.

Sagitário e Câncer

Eles têm noções absolutamente díspares sobre o que seja um lar. Para o Caranguejo, é simples: o lugar onde ele nasceu e permanecerá. Para o sagitariano, também é simples: qualquer lugar onde ele estiver, com um mínimo de conforto. Se tiverem de construir um lar juntos, terão de fazer a síntese suprema entre a visão do membro do clã e a visão do caminhoneiro. Isso é fácil. Difícil é convencer o canceriano de que ele deve reclamar sobre a sopa fria na hora em que ela foi servida, não dez anos depois, quando seu rancor e horror a sopas já forem definitivos.

Sagitário e Leão

Para estes dois, o mundo é uma festa sem ressaca na manhã seguinte. Entusiasmam-se com tudo, topam qualquer boa parada, são admirados por todos e admiramse incondicionalmente. Bastam-se um ao outro, o que é uma raridade não só zodiacal, mas conjugal.

Sagitário e Virgem

Nada assusta mais um sagitariano (dos dois sexos) que pilhas de fraldas e pratos sujos, o que obrigará o virginiano a virar-se sozinho na vida doméstica. Nada irrita mais um virginiano que a mania do Sagitário de zombar de tudo, contando piadas a cada meia hora. Os dois, porém, têm algo em comum: são viciados em leitura. Podem viver muitos anos lado a lado, felizes, cada qual em sua poltrona devorando um romance de quatrocentas páginas.

Sagitário e Libra

Ambos são bastante propensos à vida litero social, e, juntos, não perderão uma única temporada de ópera. Como adoram organizar jantares e convidar para *brunchs* aos domingos, vão elevar a qualidade do lazer dos amigos comuns, apesar do libriano não se acertar muito com as costumeiras gafes sagitarianas. O terrível desencontro, porém, vai ocorrer quando tiverem a oportunidade de estar a sós, juntos. Mas nada nesta vida é perfeito.

Sagitário e Escorpião

Uma união em que os dois podem acabar pendurados no lustre da sala, tentando estapear um ao outro. Sagitário vai desenvolver o péssimo hábito de sair de casa a cada dois meses, esperando que Escorpião vá buscá-lo de volta. As reconciliações, porém, serão saborosíssimas.

Sagitário e Sagitário

Poderiam fundar o clube do *bon-vivant*. Foram feitos um para o outro, se puderem levar a *dolce vita* de viagens intermináveis, restaurantes exóticos, vinhos das melhores safras, cassinos, cruzeiros pelo Nilo. Aliás, deveriam imediatamente abrir uma agência de viagens para os *bon-vivants* do mundo inteiro, pois só assim conseguirão a renda mínima para pagar suas despesas.

Sagitário e Capricórnio

O sagitariano é pródigo em excessos – gasta demais, come demais, trabalha ou diverte-se até desmaiar de cansaço. O capricorniano é tão comedido que economiza até um bom-dia. O Sagitário é completamente imediatista: se quer algo, é agora ou nunca. O capricorniano já sabe, na mais tenra infância, o que pretende fazer da vida. Esta combinação pode ser pedagógica para ambos, dela resultando um Sagitário mais parcimonioso e um Capricórnio mais boa-vida.

Sagitário e Aquário

O tema desta dupla é "viva, e deixe viver". Sofrem a mesma claustrofobia provocada por lugares pequenos e gente que gruda. Têm o mesmo mau hábito de se tornar porta-vozes de causas utópicas e insensatas. Vivem metidos em tremendas confusões porque estão sempre algumas décadas, ou séculos, adiante dos outros. Ótimos parceiros para missões impossíveis – tentar a fusão do gene do boi com o gene do tomate, produzindo o boi-mate, ou apostar nos caminhos da modernidade. Serão amigos para sempre.

Sagitário e Peixes

A falta de sutileza sagitariana provocará crises de choro periódicas no pisciano. "Você não vai estragar as férias querendo ligar para as crianças a cada meia hora, vai?", o Arqueiro pergunta na maior boa-fé. Peixes, que já se imaginava a bordo de uma segunda lua-de-mel, à luz de velas e sem outro pensamento que não um romântico luar de mãos dadas, fica ofendidíssimo. Mas o magnetismo natural entre eles opera milagres: durante a viagem, Peixes ligará para os filhos a cada dois dias, e Sagitário se sentirá orgulhoso deste pai – ou mãe – tão devotado.

Como manter o caso firme

(E agüentar as conseqüências)*

Sogra

A claustrofobia do Sagitário também se estende aos parentes: ele tem urticária só de imaginar um daqueles almoços de Páscoa que sempre acabam em bate-boca, porque um primo pegou emprestado dinheiro do sogro no ano passado e não devolveu até agora. O Sagitário é o anjo exterminador das reuniões familiares. Portanto, o problema nunca será a mãe dele, mas a sua: evite a qualquer preço que ela apareça em casa sem avisar.

Casa

Além da lareira – por alguma razão misteriosa os sagitarianos são vidrados em lareiras – a garagem é um ponto vital no lar do Arqueiro, pois é ali que ele guarda sua equipagem básica, como bicicletas, *skates*, esquis, e outros utensílios domésticos. Jamais interfira na desordem natural destes objetos, nem na bagunça dos livros, que estarão empilhados pela casa toda.

Os meus, os seus, os nossos

Um tanto impaciente com crianças – provavelmente porque nunca deixou de ser uma delas –, o sagitariano vai tratar os filhos dele, os seus e os vossos de igual para igual. As crianças serão seus melhores

* V.P.A.S. (Vale para ambos os sexos)

chapas em visitas ao clube e partidas de futebol. Ele às vezes pode exagerar na camaradagem, e servir conhaque na mamadeira do menorzinho. É só manter as mamadeiras trancafiadas num armário.

Amigos

Com eles, o Sagitário vai esbanjar o que tiver e não tiver – afeto, dinheiro, um paciente e largo ombro para ouvir choradeiras. De todos os representantes do zodíaco, o Arqueiro é o que dá mais importância e calor aos amigos. Sua empolgação é tal que ele vive caindo no conto do amigo urso, porque sua ingênua confiança não sabe discriminar os bajuladores de outros entusiastas naturais, como ele.

Brigas

O Sagitário tem pavio curto, mas memória curta, também. Se inflama por qualquer motivo, diz – e faz os outros dizerem – barbaridades, e depois esquece, incapaz de guardar ressentimentos. É sempre constrangedor quando ele reencontra um ex-sócio e corre para abraçá-lo: parece que ele é o único na festa que esqueceu que processou o ex-sócio há dois anos, quando este lhe deu um golpe.

O esporte sob medida

É conveniente que o Sagitário dedique todo tempo livre aos esportes. O Arqueiro nasceu para esgrimar, praticar arco-e-flecha, aeróbica, atletismo, equitação, pilotar aviões, escalar montanhas. Essas atividades são menos arriscadas que o pôquer, a roleta ou a Bolsa de Valores, eternas tentações para sua alma de jogador. Sempre que um Arqueiro fizer uma cara esquisita de transe quando ouvir o som de dados ou fichas, corra até ele com os tacos de golfe.

Como, quando e para onde viajar

Não importa se ele vai de avião ou navio-cargueiro, por um mês ou um ano, com dez mil dólares ou a roupa do corpo: o maior prazer do sagitariano é pôr o pé na estrada. É uma sorte tê-los como companheiros de viagem, pois estão sempre dispostos para qualquer programa, assistir a um rito sikh no Paquistão ou jantar no Le Cirque. O sagitariano, porém, prefere na maior parte das vezes viajar sozinho: é que as culturas complexas que ele gosta de pesquisar não são para o bico de todo mundo.

Roteiros acima de qualquer suspeita

A única proposta que ele consideraria indecorosa seria passar as férias no club Méditerraneé: ficar confinado com desconhecidos e submetido à rígida disciplina de horários fixos para comer, exercitar-se, dormir e gandaiar não é exatamente a noção sagitariana de diversão. O Arqueiro considera todo turismo programado como uma prisão cinco estrelas.

Kit de viagem

Livros, mapas, bússolas, mochilas de tamanhos variados, valises extras e sobretudo um bom carrinho-de-mão, para ele carregar toda a tralha de *souvenirs* que costuma trazer de suas peregrinações. É fundamental que o sagitariano tenha sempre em casa uma mala já pronta, com kits de inverno e verão, para as muito freqüentes eventualidades.

Moda Sagitário

Com essa vida atribulada que o Sagitário costuma levar, a moda ideal é a mais simples possível, larga, *clean* e básica. Acessórios, nem pensar – eles seriam um estorvo e, de mais a mais, sagitarianas vivem perdendo brincos e sagitarianos esquecendo em algum lugar seus prendedores de gravatas. Mesmo os mais elegantes entre eles freqüentemente esquecem de amarrar os cadarços dos sapatos.

Noitadas e comilanças

Imoderados no comer e beber, eles sempre estão atrás de um restaurante novo e diferente, para concluir (depois de muito apoquentar seu parceiro que não queria sair de casa) que todos os restaurantes se parecem. São especialistas, também, em derrubar copos de vinho e entornar a sopa. E adoram varar as noites em palestras.

A biblioteca do Sagitário

O Arqueiro é um devorador de livros só comparável ao geminiano, e capaz de uma concentração digna de um virginiano. Mas é ligeiramente mais tendencioso, preferindo as sátiras, ou a filosofia, o que vem a dar na mesma. Seu livro de cabeceira é *As aventuras de Tom Jones*, clássico do inglês Fielding sobre as trapalhadas rocambolescas de um herói cheio de caráter. Sagitarianos mais líricos se darão muito bem com o poema *Retorno a Ítaca*, do grego Kaváfis, que trata de uma viagem onde o mais importante não é o destino, mas os atropelos da travessia.

A videoteca do Sagitário

Sean Connery pode ser o máximo, mas quem deu um toque de humor ao implacável Bond foi o ator Roger Moore, em *O espião que me amava*. Sagitarianos, atenção! Seu Bond é Moore, não Sean.

Todos os filmes sobre julgamentos, sobretudo quando a sentença for draconiana.

Qualquer filme sobre viagens.

Os filmes politicamente corretos de Costa-Gravas, como *A Confissão, Missing e Z.*

Shrek

Mediterrâneo

Adeus Lênin

Machuca

Tomates verdes fritos

As bruxas de Eastwick

Lawrence da Arábia

Carruagens de fogo

Para sagitarianos de cinemateca, recomenda-se *Ladrões de Bicicleta*, de Vittorio de Sica, cada vez mais atual.

O presente que vai derretê-lo

Aquele que estiver de acordo com seu último *hobby.* Uma orquídea gigante, se for jardinagem. *Crayons* franceses, se for desenho. Este livro, se for astrologia.

O Sagitário levaria para uma ilha deserta

Ele: Faye Dunnaway, a Bonnie do Clyde.

Ela: Clint Eastwood, o justiceiro.

CAPRICÓRNIO

APEGUE-SE ÀS DIFICULDADES.
(UM CABRITO VITORIOSO)

21/12 A 19/01

"Trabalhar é preciso – sem isso, viver não é possível." Se alguém tiver de cantarolar esta versão do famoso refrão, será certamente um capricorniano. Mas só na hipótese dele ser um capricorniano já entrado em anos, porque os Cabritos mais jovens são tão sisudos e compenetrados que sequer sonham em assobiar, quanto mais gastar seu latim com musiquinhas. A vida é um negócio sério, seriíssimo, para todo capricorniano, e depende de muita disciplina, cálculo e clareza de metas: por isso nenhum capricorniano perde o rumo com bobagens do tipo crises existenciais ou paixões desenfreadas.

Um Cabritinho já sabe exatamente, aos sete anos, qual o cargo de direção numa multinacional que ocupará, aos quarenta. Daí em diante, isto é, só depois dos quarenta, é que a boa vida começa verdadeiramente para o Capricórnio. E quanto mais obstáculos o Cabrito tiver de saltar – ou espatifar – para chegar lá, melhor. Eles vivem imersos em dificuldades como peixes n'água, totalmente à vontade. Cabritos nunca esperneiam ou se descabelam quando a coisa aperta, apenas seguem adiante, pragmáticos e impávidos.

Isto explica por que um Cabrito jamais fracassa: ele carrega na sua bagagem genético-zodiacal a firme determinação de ser um vencedor. E "vencedor" tem um conteúdo muito preciso para este signo de terra, regido por Saturno, o mais severo dos Titãs mitológicos: estabilidade, dinheiro e posição social, e todos os três para valer. Isto significa que a um Cabrito-pintor, por exemplo, pouco se lhe dá aparecer nos jornais locais se seus quadros não atingiram a cotação do mercado internacional, e toda a crítica lisonjeira não lhe rendeu o aluguel de seis meses. Cabritos só admitem estar em evidência, isto é, que xereteiem sua biografia e se metam na sua vida, se isso reverter em dividendos concretos. Mas Cabritos pintores são raros – o mais natural é encontrar Cabritos-empresários, Cabritos-executivos, Cabritos-empreendedores e cabritos-milionários.

Terapias para um cabrito à beira de um ataque de nervos

O Capricórnio é objetivo até nos seus peripaques: se ele sofrer de alguma neurose, será a famosa melancolia saturnina. Vários compêndios já foram escritos sobre esta enfermidade, que parece ter sido o grande mal-estar da atual civilização. Alguns poetas, inclusive, dedicaram-se a ela, chamando-a de *spleen*, algo como "mau humor bilioso", mas do jeito dos poetas, de darem belos nomes a ocorrências desagradáveis. A melancolia saturnina é uma decorrência do excesso de realismo, um traço biológico do capricorniano: muito realismo leva necessariamente ao pessimismo que, por sua vez, leva irretorquivelmente a um desejo de trancar-se em casa e rosnar o dia inteiro.

"A boa vida só começa aos quarenta para o Capricórnio."

Como curar o Cabrito desta depressão enfezada? Sobretudo quando ele fica tão enfezado que resolve sair de casa e rosnar como um fanático para quem passar pela frente? Recomenda-se, indubitavelmente, a psicanálise freudiana ortodoxa. Nada mais seguro para um Cabrito enlouquecido que deitar a cabeça no mesmo e sólido divã. Primeiro, porque só mesmo o dogma freudiano está à altura do dogmatismo que o Cabrito vai demonstrar quando estiver no auge de sua melancolia saturnina: quando um Capricórnio vociferar que o mundo é uma canalhice, e precisa de pulso firme para ser consertado, o analista pode responder que ele tem toda razão, e Freud já dizia que civilização é repressão. A segunda razão que torna viável uma psicanálise ortodoxa é o tempo dispendido: nenhuma análise que se preze leva menos que seis anos, quatro vezes por semana, e o único signo do zodíaco com uma noção do tempo (e uma disponibilidade financeira) tão a longo prazo é o Capricórnio. Idem quanto ao complexo de Édipo: todo mundo se aborrece quando metem a mãe no meio, menos o Capricórnio, já que seu problema na infância, provavelmente, não foi a mãe, mas um pai exigente demais.

Tipos ideais

(Como se ajeitar, com o maior conforto possível, com cada representante do zodíaco)

ALERTA! *(vale para ambos os sexos)*

O Cabrito é o segundo melhor partido do zodíaco, depois do Caranguejo – nada a estranhar, eles são signos complementares. Com um Capricórnio, você nunca perde a viagem. Pode não ouvir violinos celestiais, nem ver estrelas, mas certamente terá companhia para o resto da vida. O Capricórnio é aquela miragem, o artigo mais raro e disputado nos tempos que correm: se for um Cabrito macho, o velho e bom... macho provedor; se for um Cabrito-fêmea, a velha e boa... fêmea do lar. Onde se encontra esta preciosidade hoje em dia? É claro que toda maravilha vem com suas ressalvas: um Cabrito jamais abandona seu par, mas para isso pode ter que recorrer a alguns arranjos extraconjugais. O que demonstra, mais uma vez, a sabedoria ancestral do signo: adultérios esporádicos têm sido por milênios a base de sólidos casamentos.

Cabritos não embarcam em conversas fiadas como casamento aberto, amizade colorida, e outras soluções capengas. Eles são tradicionalistas, e fazem tudo à antiga. Sabem discernir entre um entusiasmo passageiro e uma boa e sólida convenção social – e, se tiverem que escolher, nem piscam, ficam com a última. Paradoxalmente, Cabritos ponderados costumam se sentir atraídos por doidivanas. Mas doidivanas só na intimidade. Como o Capricórnio é introvertido, desconfiado e tem horror a escândalos, é indispensável que a (o) doidivanas em questão se comporte com muito recato, publicamente. Se há algo que assusta o Cabrito, é gente assanhada. Conquistá-lo, portanto, demanda uma certa tenacidade, a mesma requerida para escalar uma encosta nos Alpes: ou você morre congelado no meio do percurso, ou chega ao topo e abocanha uma inesquecível recompensa, entre as quatro paredes de um chalé aquecido.

Combinações possíveis

As melhores

Capricórnio e Áries

Nenhum dos dois se afasta um milímetro do seu caminho, a Cabra por excesso de tenacidade, o Carneiro por pura teimosia. Gênios opostos, também: o Carneiro vai por impulso, a Cabra só depois de muito refletir. Será uma união cheia de encontrões.

Capricórnio e Touro

Grude à primeira vista. Querem a mesma coisa da vida: um investimento de longo prazo, mais sólido que a economia suíça e com taxas de juros brasileiras. O Country Club será pouco para eles.

Capricórnio e Gêmeos

O Cabrito vai precisar de um balde de aspirinas para agüentar a tagarelice geminiana, o que não ocorreria com um Aquário ou Sagitário, que também são tagarelas. Vai igualmente necessitar de uma grande dose de tolerância para conviver com a iconoclastia do Gêmeos: é bastante provável que Gêmeos jogue no lixo o diploma *honoris causa* que o Capricórnio acabou de ganhar, pois acha que não se deve acumular papelada em casa. Isto posto, eles se completam um bocado: o cabrito sairá mais leve e aéreo, e o Gêmeos um pouco mais pé na terra.

Capricórnio e Câncer

Seguro e descomplicado. Enquanto o Caranguejo providencia toda a afetividade necessária a um lar, o Cabrito topa mais uma semana de horas extras para que a família toda possa embarcar para a Disneylândia nas próximas férias. São os tais opostos complementares: capricórnio, um *workaholic*; Câncer, um caseiro. Parecerão um anúncio publicitário da família feliz, a não ser que o Caranguejo comece a implicar, injustamente, com a mania do Capricórnio fazer hora extra nas noites de sexta.

Capricórnio e Leão

O natural e desenfreado exibicionismo leonino pode chocar o Capricórnio. Caso, por exemplo, de um Cabrito que leva sua Leoa para um coquetel da empresa e ela se veste como se fosse a noite do Oscar, e se porta como se estivesse no salão de cabeleireiro. Ou o caso de um Leão que, diante do chefe de sua esposa-Capricórnio, não pára de sapecar-lhe beijinhos no pescoço. A Cabra sempre se constrange com os excessos do Leão, mas, na intimidade, nunca deixa de prestar-lhe homenagem. Além do mais, os dois querem sempre o máximo da vida.

Capricórnio e Virgem

Um casal *clean*. Práticos, organizados, minuciosos, equilibrados, impermeáveis à preguiça, estes dois vão longe.

Trabalharão tanto juntos que os poucos momentos de lazer serão sempre paradisíacos. A única ressalva é que ambos querem ter as rédeas dos acontecimentos, e não abrirão mão do controle para o outro. Há um outro impedimento menor, mas que eles podem nem notar: vai sobrar responsabilidade e faltar um pouco de farra nesta dupla.

Capricórnio e Libra

Os dois adoram uma social, mas têm concepções um tanto distintas sobre o termo. Para o libriano, social é tudo que inclua gente bonita, frases espirituosas e muito, mas muito, *glamour*. Para o capricorniano, social é tudo aquilo que já foi testado e aprovado pela tradição, e, quanto mais convencional e estável, melhor. Assim, pode haver uma certa incompreensão semântica quando Libra quiser convidar para a festa aquele professor de meditação transcendental que dá aula para todas as *socialites* da cidade, e Capricórnio se opuser terminantemente a misturar convidados esotéricos com seu convidado de honra, um economista do Banco Mundial.

Capricórnio e Escorpião

Nesta combinação vem à tona uma das características mais intensas e enrustidas da Cabra: a eterna desconfiança, como preço da segurança. Isto porque o Escorpião também é um desconfiado crônico – e desconfiança chama desconfiança. Mesmo que já estejam juntos há vinte anos, dificilmente saberão os segredos um do outro, e nunca deixarão de vigiar discretamente um ao outro. Esta impossibilidade quase física deles entrarem em muitas intimidades lhes permitirá viver o resto da vida juntos, e bastante bem.

Capricórnio e Sagitário

"Mas isto é injusto, você merecia!", vocifera o Sagitário quando o Capricórnio lhe diz que sua promoção foi adiada. "Mas é talvez até mais oportuno", contra-argumenta o Cabrito rebaixado, "porque se me promovessem agora para a área X eu não teria chances de concorrer à área Y no mês que vem". Esta relação é arriscada, porque o Sagitário pode a qualquer momento pegar o telefone e desancar o chefe do Capricórnio, o que resultará na perda, além da potencial área Y, do próprio emprego. Ou o Arqueiro trava seu impulso, ou a Cabra solta suas amarras.

Capricórnio e Capricórnio

Amontoarão realizações, tais como filhos, lanchas, equipamentos eletrônicos, casas de campo e praia, vodkas, perfumes e roupas das melhores marcas internacionais. Não vão tirar férias até que a última prestação do carro importado esteja paga. Não tiram férias, também, porque naqueles quinze dias um deles pode pegar aquele projeto engavetado e ganhar uns cobres a mais. Nada de férias enquanto não trocarem o vídeo pelo videolaser. Até que, um belo dia, vão acordar com a casa tão entulhada e uma gastrite tão violenta que precisarão, ambos, de férias conjugais.

Capricórnio e Aquário

O eterno adolescente aquariano vai atrair instantaneamente o (sempre) maduro capricorniano. É como se Aquário, com sua jovial irresponsabilidade e suas causas estratosféricas, fosse a ninfeta-padrão de todo Capricórnio, que parece ter nascido já na idade do lobo, aquela em que se precisa de gente jovem em torno para se sentir remoçado. Em geral, histórias com ninfetas não duram muito. Mas Cabritos são uma exceção: sempre precisam de reciclagens.

Capricórnio e Peixes

Incompreensão mútua inicial. Cada um verá no outro só as características que não possui. Quando Capricórnio olhar para Peixes, estará enxergando um ser completamente baratinado, que nunca sabe onde pôs as meias ou que dia é hoje. Quando Peixes visualizar Capricórnio, terá a sensação de estar olhando para um formulário cheio de regras, itens e parágrafos. O caso entre eles, porém, pode ser também uma *good trip* – basta Capricórnio colar etiquetas em todas as gavetas e pendurar um calendário asteca na entrada do apartamento, e Peixes encarar formulários como mantras budistas, feitos para cantar, não entender.

Como manter o caso firme

(E agüentar as conseqüências)*

Sogra

Como o capricorniano adora gente mais velha, sobretudo parentes, ele vai se dar tão bem com a sua mãe como com a dele. As duas freqüentarão noite e dia sua

* V.P.A.S. (Vale para ambos os sexos)

casa, e se revezarão no fornecimento de salgados e doces. O problema, portanto, é evitar que as sogras comecem a brigar entre si disputando a preferência do genro (ou nora) Cabrito.

Casa

A mais impecável da face da Terra. Todos os objetos exalam ordem e prosperidade. Tapetes persas, uma cômoda *Chippendale*, uma mesinha Napoleão III e um equipamento de som super-ultra-hiper *high tech*. Ao contrário do Touro (que adora *antiques* mas se dá ao luxo de possuir uma luminária barata pela simples razão de tê-la achado encantadora), os objetos da casa do Cabrito costumam ser peças de catálogo – além de belas, com liquidez imediata em qualquer leilão. Livros também são objetos muito prezados pelos capricornianos quando se trata de edições raras, em papel bíblia e encadernação luxuosa. Há também outro tipo de Cabra, mais ascética – a Cabra franciscana, despojada, que pendura suas roupas numa arara, dorme num colchão sem estrado e considera tapetes um luxo desnecessário.

Os meus, os seus, os nossos

O Capricórnio de ambos os sexos nasceu para ser pai, porque é o mais disciplinador dos doze progenitores do zodíaco. Para ele, o compromisso familiar é sagrado, e significa fazer a criançada levantar religiosamente às sete da manhã e nunca tomar uma gota de coca-cola durante as refeições. Será o mesmo pai para os dele, os seus e os vossos: não tolerará insubordinação.

Amigos

Como jamais metem o bedelho na vida alheia, Cabritos têm poucos amigos e inimigos. Aliás, cultivar inimizades é um *hobby* nada capricorniano, pois ele sempre vai se perguntar de que serve um inimigo – se servisse para algo, a chateação valeria a pena. Como, porém, o Cabrito é muito despachado e acaba se tornando o faz-tudo de qualquer ambiente, ele tende a atrair os costumeiros parasitas, que estão sempre lhe pedindo para quebrar galhos.

Brigas

Raríssimas. Cabritos não estão sujeitos a explosões emocionais. Se alguém vem com quatro pedras para cima dele, ele se limita a oferecer mais uma pedra de gelo no drinque. Odeia escândalos, abomina fofocas, detesta elevações de temperatura. Tem um estômago de avestruz, o que lhe garante uma tranqüila digestão dos destemperos alheios.

O esporte sob medida

Não pode ser um esporte competitivo, pois os capricornianos só topam algo se for para vencer. Curiosamente, há uma espécie de Cabra naturista, que nasceu para praticar longas caminhadas ao ar livre, de preferência em terrenos acidentados e íngremes. Para o Capricórnio mais comum, aquele sedentário convicto que freqüenta restaurantes cinco estrelas, recomenda-se apenas sol e ar puro. Pode ser inclusive numa rede: o que eles precisam, mesmo, é arejar um pouco seu pessimismo. Outros esportes ideais para Cabritos perfeccionistas: alpinismo (sua segunda natureza) e, para os que gostam de carteado, paciência (seu método natural de enfrentar as coisas).

Como, quando e para onde viajar

Cabras só viajam se for absolutamente necessário. Muitos deles só tiram férias mediante um pedido de divórcio – "ou nós vamos desta vez para a praia, em janeiro, ou eu arrumo minhas coisas e vou para a casa da minha mãe". Eles são os únicos, porém, que conseguem se divertir como loucos numa viagem de negócios. Fechar um contrato na Nova Zelândia ou vistoriar uma fábrica de celulose em Maputo, atividades que aborreceriam tipos menos imaginativos, são uma fonte inesgotável de prazer para um capricorniano.

Roteiros acima de qualquer suspeita

Uma vez forçados ao ócio turístico, os capricornianos refletirão calma e deliberadamente sobre onde desperdiçar seu tempo livre. Seis meses antes da viagem terão tudo à mão: passaporte, dinheiro e quinze álibis para não embarcar. Se partir for inevitável, escolherão roteiros selecionadíssimos: ficar enfurnado num castelo escocês cercado de penhascos, ficar enfurnado numa vila toscana cercada de velhos carvalhos, até mesmo ficar enfurnado num monastério medieval espanhol. Já que a Cabra foi obrigada a locomover-se, precisa de um mínimo de rotina para refazer-se do choque.

Kit de viagem

Se for um passeio a negócios, o indispensável: pastas, canetas-tinteiro, modelos de contrato em três línguas, o *laptop* e um dicionário de *business travel.* Se for uma missão de lazer, é sempre bom levar um trabalho para fazer nas horas vagas.

Moda Capricórnio

A principal credencial de um capricorniano é seu modo de vestir-se. Fazem o gênero lorde inglês, ou grande burguês italiano – aparentemente tudo muito singelo, mas um olhar mais atento distinguirá as melhores grifes do mundo. Cabras não usam bijuterias nem artigos de segunda mão. Podem ter só dois pares de calças, mas elas serão *made in* Savile Row, a rua dos alfaiates da aristocracia britânica. São tão tradicionalistas que usam monograma até na roupa de baixo.

Noitadas e comilanças

Aqui se radicaliza a diferença entre a Cabra naturista e a Cabra freqüentadora. A primeira é viciada em saladas, legumes, grãos e sucos de frutas, chegando ao extremo de aderir, durante uma fase da vida, à macrobiótica. Já a Cabra que freqüenta só vai aos melhores restaurantes da cidade, menos para comer que para encontrar seus iguais. Ambos os espécimes costumam adotar uma postura distante e alheia nas festas, e são, no final, os que mais aproveitam: enquanto os outros já beberam demais para saber com quem estão falando, a Cabra teve tempo e sobriedade suficientes para observar e selecionar a dedo com quem lhe convém falar, naquela noite.

A biblioteca do Capricórnio

Além dos manuais de etiqueta, sempre em edições atualizadas, Cabras devoram livros ilustrados sobre mobiliário, brasões, heráldica, castelos. Também são vidradas em biografias de gente que deu certo na vida, um Bill Gates ou uma Sarah Bernhardt. Mas seu livro de cabeceira, que só será devidamente ruminado depois dos quarenta, é *Em busca do tempo perdido*, de Marcel Proust, obra que tem tudo a ver com a Cabra: refinamento, centenas de nomes importantes e exige do leitor uma reserva extra de paciência para chegar até a última página. Capricórnio é o único signo do zodíaco capaz de ler todos os volumes do *Tempo perdido* sem confundir as personagens.

A videoteca do Capricórnio

O estilo de quem nunca perde o vinco (ou deixa a barba por fazer), apesar das sujas peripécias, garante a James Bond as qualidades mais apreciadas por um capricorniano: fama e compostura póstumas.

Filmes históricos, seja sobre a história de Roma ou a de Manhattan.

Invasões bárbaras
As horas
Uma mente brilhante
As pontes de Madison
Homem-Aranha I, II, ...
Jurassic Park, I, II, ...

Para Cabritos de cinemateca, recomenda-se *Hiroshima meu amor*, de Alain Resnais, um filme que demora para passar.

O presente que vai derretê-lo

Aquele comprado na loja mais chique do mundo, como a joalheria Bulgari, na via Condotti. Para Cabras franciscanas, vale um cristal de quartzo.

O Capricórnio levaria para uma ilha deserta

Ele: Gwyneth Paltrow, a correção em pessoa.

Ela: Clark Gable, pois não se fazem mais homens alinhados, atualmente.

AQUÁRIO

SE VOCÊ NÃO NASCEU UM GÊNIO, TORNE-SE UM FANÁTICO INTRATÁVEL. (UM AQUARIANO MADURO)

20/01 A 18/02

Dizem que o aquariano, por ser regido por Urano, um planeta descoberto durante a Revolução Francesa, é o exemplo de cidadão do mundo, um porta-voz nato do lema "igualdade, liberdade, fraternidade". Isto pode ter sido em 1789, quando a democracia ainda era novidade. De fato, o aquariano sempre foi um cidadão do cosmos, muitos anos-luz adiante do seu tempo, ou, no mínimo, em dia com as causas mais vanguardistas de sua época – hoje, ele seria um veterano do WWF, assim como na década de 80 do século passado deve ter sido um ativista do *Greenpeace*.

O aquariano típico é aquele camarada que estava bolando certas reformas religiosas antes de Lutero nascer, cantava a Internacional quando Lênin ainda freqüentava o grupo escolar e já imaginava a teoria da relatividade quando Einstein usava fraldas. Pode não ter tido o gênio destes três, mas, seguramente, enxergava tão longe quanto eles. Na pele de herege, cientista ou reformista social, o aquariano é o grande inventor do zodíaco, um utopista incorrigível, o livre-pensador um tanto aéreo, que nunca desprega a cabeça das grandes e nebulosas causas da humanidade.

Naturalmente, eles ficam tão vidrados em suas causas abstratas que não enxergam um palmo diante do nariz: o aquariano é também aquele que, por amor à humanidade, às vezes não hesita em sacrificar um ou dois homenzinhos de carne e osso. Em contrapartida, são os seres mais desprendidos e despreconceituosos do sistema solar. Você nunca verá um aquariano racista ou machista, a não ser que seja um gravemente neurótico.

"Você nunca verá um aquariano racista ou machista, a não ser que seja um gravemente neurótico."

Muito mais comum será encontrá-lo numa roda de amigos discutindo sua nova teoria para a solução dos problemas nacionais: terceirizar o governo, contratando consultorias internacionais para ocupar os ministérios. Impraticável? Protestantismo, comunismo e teoria da relatividade também pareciam, no início.

Terapias para um aquariano à beira de um ataque de nervos

Aquarianos, em geral, sofrem de altos e baixos de voltagem nervosa. Como sua cabeça viaja muito longe e rápido, estão sujeitos a alterações bruscas de ritmo psíquico. Ciclotímicos, eles passam abruptamente de uma alegria exuberante a uma rabugice infernal. Estas mudanças inexplicáveis de humor são normalmente seguidas de surtos de neurastenia, quando os aquarianos têm ímpetos de apontar um rifle para a janela do vizinho barulhento ou afogar na banheira o telefone que não pára de tocar.

Crises como estas são de fácil solução, e para isto basta recorrer ao arsenal psicoeletrônico: intermináveis *chats* na internet, *biofeedback*, biodança e alguns artigos importados como a *brain-machine* e a *dream-machine* – as incríveis tiaras eletrônicas de ondas alfa que, uma vez presas à cabeça do aquariano, transmitem feixes relaxantes. São também muito úteis os recém-inventados óculos escuros plugados a um *discman* com som *hip hop*, os quais, uma vez assentados sobre o nariz aquariano, emitirão ondas de harmonia e paz interior. Não adianta recomendar uma antiquada técnica de relaxamento zen se ela não vier acompanhada do kit eletrônico apropriado: a terapia para o homem do futuro tem que contar com o auxílio de engenhocas futuristas.

"Ele costuma se despedir com a frase 'a gente se vê por aí'."

A psicanálise virtual pode ser uma boa pedida, também: o paciente aquariano simula no vídeo a realidade virtual de um consultório, um divã e um psicanalista e, depois de cinqüenta minutos de silêncio contrito, desliga a aparelhagem, suspira fundo, e dá graças a Deus por tudo aquilo não ter passado de mera projeção de imagens.

Tipos ideais

(Como se ajeitar, com o maior conforto possível, com cada representante do zodíaco)

ALERTA! *(vale para ambos os sexos)*

Jamais diga a um aquariano: "Querido, agora que você é meu e eu...", porque ele pode saltar da janela do terceiro andar do hotel onde vocês pretendiam passar a lua-de-mel. O aquariano sai ventando se alguém tenta pôr-lhe as mãos em cima. Tem verdadeiro pavor de gente grudada ou dependente. Proponha participarem de uma *rave*, e ele vai adorar. Proponha um jantarzinho íntimo para apresentá-lo a seus pais, e você nunca mais terá notícias dele.

Isso não significa que o aquariano seja um *don juan* ou um camarada incapaz de laços familiares – ao contrário, ele até gosta de vida doméstica, e raramente quebra suas promessas. O difícil, para ele, é dar o primeiro passo e comprometer-se. Um aquariano não é daqueles que ficam sussurrando palavras melosas ou enviando caminhões de flores, mesmo quando está apaixonado. O mais natural é ele sempre se despedir com a frase "a gente se vê por aí", deixando totalmente no ar a data do próximo encontro. Se você conseguir encontrá-lo consecutivamente por seis vezes, porém, não tem mais que se preocupar: ele já está fisgado.

Combinações possíveis

As melhores

Aquário e Áries

Nenhum dos dois dá muita bola para a opinião alheia. Ambos fogem da rotina e pagam para participar de uma boa peripécia. Se pudessem viver isolados do mundo, seriam uma espécie de casal de corsários intergaláticos, pirateando diversão e aventura de planeta em planeta, sem se preocupar com o rumo da aeronave. Como, infelizmente, vivem num mundo repleto de gente e tentações, a vida a dois sofrerá alguns percalços quando Aquário cismar em sair em bando e Áires, sempre avesso a programas de turma, armar uma confusão.

Aquário e Touro

Touro não gosta de surpresas, e isto é o que vai ter de sobra convivendo com um aquariano. O carinhoso e ciumento taurino se transformará num minotauro e investirá com todos seus chifres a cada excentricidade ou sumiço do parceiro. Pior ainda quando Aquário se recusar a dar o relatório completo das suas atividades no fim de semana. São tipos muito diferentes, e exatamente por isso vivem caídos um pelo outro.

Aquário e Gêmeos

Já vimos que eles foram feitos para passar a noite juntos, conversando. Podem inclusive não passar disso por meses a fio, mas quando se decidirem a um diálogo mais corporal é importante que o Gêmeos lembre que certas coisas nunca se dizem – por exemplo, "nossa, você é mesmo uma falsa magra". Até aquarianas têm seus sentimentos.

Aquário e Câncer

O Caranguejo pode acentuar seus hábitos de reclusão se conviver com um aquariano. Cada vez que o Aquário insistir para eles largarem tudo e tentarem uma nova vida como exploradores de focas na Antártida, o canceriano correrá para debaixo dos cobertores maldizendo o dia em que resolveu unir seu destino ao desse maluco inconseqüente. Porém – e os grandes romances são feitos exatamente dos poréns – ninguém é melhor que o aquariano para desentocar o Caranguejo do tédio da sua concha.

Aquário e Leão

O famoso e explosivo caso dos opostos complementares. Leão só conjuga a primeira pessoa do singular: eu, eu, eu. Aquário é fascinado pelo plural "nós", que pode se referir ao time de vôlei, aos cupinchas do pôquer, ou aos vizinhos de quarteirão. O encontro entre o narcisista Leão e o coletivista Aquário será algo como uma conferência de paz árabe-israelense: provavelmente não dará em nada, mas por pura inflexibilidade dos participantes, todos eles, afinal, meio parentes.

Aquário e Virgem

A imensidão dos espaços siderais (aquário) x a simetria perfeita e asseada de um *flat* todo pintado de branco (virgem). Fica difícil. O virginiano, como o canceriano, tem horror a extravagâncias, mas no seu caso é ainda pior: além de ter de tolerar as idéias repentinas do aquariano, terá de se conformar com cinzeiros transbordando, pastas de dentes estouradas e livros desencapados pela casa inteira. Só mesmo o amor pode aproximá-los.

Aquário e Libra

Ambos pairam acima de certas esquisitices, como ataques de ciúmes, crises de choro e taquicardias. Este casal jamais dará vexames em público. O problema é que também nunca se beijarão cinematograficamente em despedidas de aeroporto, o que, para um libriano, é um dever de estilo do qual ele não abre mão. Resta ao Aquário aprender todos os salamaleques que o libriano considera indispensáveis na vida a dois. Talvez por isto a união, embora aconselhável, seja instável.

Aquário e Escorpião

O jogo de sedução neste caso é dos mais complexos e enguiçados. Escorpião emite um olhar magnético na direção de Aquário, daqueles que costumam paralisar qualquer dos outros onze signos. Aquário sente apenas uma leve brisa do lado esquerdo do ombro. Escorpião se aproxima, e com voz profunda e gutural – mais aquele olhar cheio de segundas intenções – pergunta ao aquariano se ele já experimentou um colchão de penas de ganso. Aquário, um tanto intrigado, responde que lhe parece um artefato pouco ecológico. Escorpião ri alto, e joga a cabeça para trás. Aquário, decididamente, não entende nada. Só resta ao Escorpião tomar impulso, e jogar o Aquário sobre o sofá.

Aquário e Sagitário

Grandes comparsas para todas as causas perdidas. Idealistas ao extremo, levantarão fundos para os refugiados do mundo inteiro, passarão abaixo-assinados contra a corrupção no Congresso e tentarão um financiamento para lançar uma revista político-literária, intitulada *A causa do povo*. Serão imbatíveis como dupla militante – Aquário com suas convicções ferrenhas, Sagitário com sua fé inamovível. Único problema: o senso de justiça aquariano, salomônico demais, pode levá-lo a dizer que o sagitariano estava errado neste ou naquele pormenor, o que redundará numa briga de proporções apocalípticas.

Aquário e Capricórnio

O Cabrito montanhês é o único capaz de refrear a eletricidade aquariana e impedir que ela descambe num curto-circuito. O aquariano é o único capaz de rejuvenescer o capricorniano, convencê-lo a tirar a barba ou trocar o *tailleur* cinza por um tubinho colorido. Será uma vida a dois de eternos contrastes, com um resultado final muito equilibrado. Equilíbrio de malabaristas, sem dúvida: uma corda bamba de conservadorismo extremo e futurismo alucinado.

Aquário e Aquário

Mais que um casal, serão um serviço de patentes ilimitadas. Tudo que ainda estiver para ser inventado será descoberto por eles: a praia sem turistas onde passar as férias, um método de congelar comida que dura seis anos, um modo de fazer os impostos pagos reverterem em algum benefício social. A casa deles será a *open house* mais acolhedora do planeta: amigos, conhecidos, amigos dos conhecidos e viajantes totalmente desconhecidos terão sempre um lugar reservado nela. Ninguém vai permitir que este casal pense em divórcio – seria um desserviço ao público em geral.

Aquário e Peixes

Peixes para aquário: "Eu nunca lhe disse antes, mas naquele dia em que você me deu uma água-marinha eu tinha certeza de que nosso caso iria durar para sempre, e fiz este medalhão que não tiro nem para dormir". Aquário: "Quando é que foi mesmo?", e sutilmente estende a mão para o jornal em cima da poltrona. Peixes: "Ora, eu lembro até hoje, chovia a cântaros e você estava vestido com aquele...". Aquário abre o jornal na página de esportes. Peixes, embevecido, continua com suas lembranças. "Desgraçado!", berra repentinamente o aquariano, "juiz vendido, isto não vai ficar assim". E sai da sala, sem entender, meia hora depois, por que Peixes se trancou no quarto e não quer abrir a porta.

Como manter o caso firme

(E agüentar as conseqüências)*

Sogra

É muito provável que você conheça a mãe do aquariano só depois de já ter tido dois ou três filhos com ele. Em parte, porque ele é um tanto desligado de assuntos de família, mas também porque fica tão alarmado com a idéia de compromisso que irá adiando o encontro fatal até ter absoluta segurança do que está fazendo, isto é, depois das crianças estarem crescidas.

---

* V.P.A.S. (Vale para ambos os sexos)

Uma vez cara a cara com a sogra, não há o que temer – ela o conhece tão bem quanto você.

Casa

A casa do aquariano é um prolongamento do clube, escritório, faculdade, etc., etc. Está sempre cheia de gente e o entra-e-sai é maior nos fins de semana, quando grupos de amigos invadirão, em turnos, sala, cozinha, som digital e adega.

A casa ideal seria toda computadorizada: aquarianos adoram botões e, além do telefone celular, microondas, vídeo, lavadora e campainha a laser, podem instalar uma máquina de fliperama, o que inclusive atrairia novos convivas. No meio desta parafernália eletrônica pode surgir uma vetusta mesa colonial brasileira ou uma cômoda do século 16. É que, além de Urano, o planeta revolucionário, Aquário também é regido por Saturno, que adora velharias.

Os meus, os seus, os nossos

Aquarianos são muito orgulhosos de sua prole. Como para eles os laços de sangue também são um conceito abstrato, tão digno de consideração quanto adoção ou celibato, nunca vão fazer a menor diferença entre os dele, os seus, os vossos e os do vizinho. Dedicarão às crianças o máximo de companheirismo, sobretudo quando elas deixarem de ser umas criaturas bizarras que choram à noite, e se tornarem animados interlocutores em conversas sobre dinossauros.

Amigos

Por estranho que possa parecer, o aquariano não tem nenhum amigo íntimo. Também, amigos íntimos tomam muito espaço, e o aquariano não teria onde encaixá-los entre seus amigos de escola, a turma do pôquer, o pessoal da cervejinha às sextas, a turma do tênis, os ex-colegas de cursinho, os sócios naquele novo investimento, a turma do bairro, o pessoal do radioamador, seus amigos artistas, a turma do futebol de salão. Mas se o amigo íntimo quiser se enturmar, será absolutamente bem-vindo.

Brigas

Se há três coisas que o aquariano abomina são: hipocrisia, confissões à queima-roupa e cenas melodramáticas. Como evitam o excesso de intimidade nas suas relações, conseguem não se impressionar com a primeira e contornar as duas últimas. Dão um braço, porém, por uma boa polêmica: são os mais argutos e animados debatedores do zodíaco.

O esporte sob medida

O que eles mais apreciam na prática esportiva é o fato de estarem com um bando de gente. Quanto mais grupal e menos competitivo for o esporte, melhor. Canoagem em grupo, passeios de bicicleta em grupo e trilhas de moto em grupo são bastante indicados. Mas seu esporte predileto, mesmo, é torcer em grupo pela vitória do time.

Como, quando e para onde viajar

Apesar de seu insuspeito amor à humanidade, na hora de viajar o aquariano prefere ir sozinho, ou com gente mais chegada. Nada de estranhos na mesma cabine ou rotas prefixadas: a claustrofobia seria imediata.

Ele em geral prefere passar um bom tempo num só lugar, em vez de ficar pipocando para lá e para cá. É crucial, porém, que esse lugar seja habitado – Aquários enlouquecem numa praia deserta.

Roteiros acima de qualquer suspeita

Aquarianos, nesse pormenor, são muito ecléticos. Alguns – os mais na órbita de Saturno – preferem o circuito Helena Rubinstein, Paris, Londres e Nova York, com as paradas obrigatórias nos melhores restaurantes e lojas. Outros – os uranianos – não resistem a programas exóticos, como passar uma semana com uma tribo de beduínos no deserto marroquino, ou inscrever-se para um congresso em Heikjavik do World Wild Life Foundation sobre a extinção dos ursos pandas.

Kit de viagem

Munido de um computador-fax de bolso e uma agenda eletrônica de endereços, o aquariano pode ir perfeitamente até a Lua, se quiser.

Noitadas e comilanças

O aquariano é o parceiro ideal para ambas. Aquarianos são extremamente rueiros. Conseguem passar sete noites por semana fora de casa e divertir-se em todas. Isto quando não transformam a própria casa num *point* obrigatório da vida noturna da cidade. Dançar é com eles, tomar uma cervejinha no pé-sujo da esquina, idem, engalanar-se para o restaurante mais sofisticado da cidade, ibidem. Do Zé Português ao *maître* Alain, todos lhe dispensarão uma atenção especial.

Moda Aquário

Tênis e *joggings* foram criados para eles. A onda *vintage*, com calças boca-de-sino e coletes floridos, também. Há sempre um quê *flower-power* no modo do aquariano trajar-se: por mais circunspectos que sejam *blazer*, calça e mocassins, sempre haverá uma echarpe xadrez-purpurina, ou um lenço de *pois* laranja-sulferino testemunhando que eles não saíram de uma linha de montagem.

A biblioteca do aquariano

Philp K. Dick, Carl Sagan, Isaac Asimov, H. G. Wells e todos os autores de *science fiction*. Aquarianos do tipo uraniano lêem ficção científica como se estivessem folheando um jornal diário, com a satisfação extra de presenciarem um número menor de catástrofes. Gibis também são tratados como livros de estimação: todo aquariano tem em casa uma coleção de seus heróis favoritos. O aquariano mais saturnino, em vez de ficção científica, tem verdadeira loucura por assuntos históricos, da queda do Império Romano à queda do Muro de Berlim – o que prova, de certo modo, que eles nunca abandonam completamente o domínio da ficção. Mas o livro de cabeceira de todos os aquarianos, como não podia deixar de ser, é um filme: *De volta para o futuro,* de Spielberg.

A videoteca do aquariano

Bond já investigava os perigos da globalização antes mesmo dela se tornar irreversível, como em *O amanhã nunca morre*, em que combate um pérfido chefão das telecomunicações, que quer dominar o mundo de seu *laptop*.

Todo filme de ficção científica.

Filmes inspirados em gibis, como *Batman, Super-Homem, Fantasma*, etc.

Matrix

Nemo

Minority report

Blade runner

2001, uma odisséia no espaço

A era do gelo

Guerra nas estrelas I, II...

Para aquarianos de cinemateca, recomenda-se o moderníssimo *Metropolis*, de Fritz Lang.

O presente que vai derretê-lo

O último lançamento em videogame. Ele seguramente vai querer compartilhar o presente com você. Se for um aquariano ainda não-informatizado, vale "Einstein em quadrinhos".

O aquariano levaria para uma ilha deserta

Ele: alguém que concordasse em passar seis meses no outro lado da ilha.

Ela: seu melhor amigo, desde que topasse ficar seis meses na outra ponta da ilha.

PEIXES

SE A REALIDADE NÃO SE AJUSTA AOS MEUS DESEJOS, PIOR PARA A REALIDADE.
(UM PISCIANO AUTÊNTICO)

19/02 A 20/03

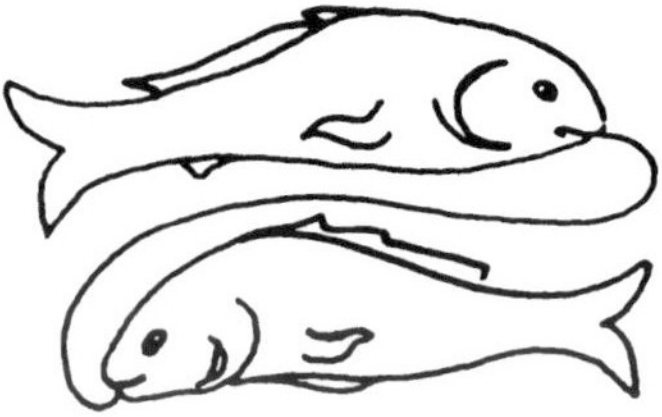

O último signo do zodíaco mistura uma pitada de cada um dos onze anteriores – a infantilidade do Áires, a sensualidade do Touro, a suscetibilidade do Câncer, a maleabilidade do Gêmeos, a magnanimidade do Leão, a acuidade de Virgem, o mimetismo de Libra, a sagacidade do Escorpião, a benevolência do Sagitário, uma certa reserva própria do Capricórnio e uma tendência a desligar típica do aquário. Com tantos atributos contraditórios somados numa só pessoa, o Peixes só poderia ser mesmo o que é: um tímido.

Nem um replicante conseguiria exprimir essa coisa toda, e o Peixes desiste de se fazer entender antes mesmo de começar, refugiando-se no mais seguro mundo da fantasia, onde toda (aparente) incongruência é bem-vinda. Um Peixes introspectivo, portanto, é praticamente um pleonasmo. Ele prefere comunicar-se com aquele olhar vago e enternecedor, seguido de gestos doces e delicados, completados por um único comentário extremamente sensível – mas, quem diria, surpreendentemente na mosca. Peixes, como Escorpião, é um signo que saca tudo de cara – uma espécie de detector de mentiras ambulante, o que provavelmente contribui para acentuar seu ar melancólico. Ao contrário do Escorpião, porém, que saca e corta a bola imediatamente, os piscianos vacilam na hora de reagir. Um Peixes pode intuir que o camarada ao lado é um perfeito patife, mas nada, em seu sistema imunológico, o leva a proteger-se adequadamente. Talvez porque, ao contrário de Escorpião, Peixes enxergue sob a superfície de todo patife um ser tão desprotegido quanto ele e o restante da humanidade. Ou porque, no fundo, não se abale muito com as patifarias alheias.

Peixes é o símbolo do cristianismo, e sua palavra de ordem é transcender. Não deixa de ser uma boa política: já que as barbaridades que sua intuição constantemente pesca por aí não têm muito jeito nem conserto, ele prefere fechar os olhos e passar batido. A única ressalva é que esta política de resistência passiva às vezes só funciona entre os acólitos do sr. Gandhi, e não com o taxista que o rouba na corrida, o sócio que o rouba no escritório e o melhor amigo que lhe roubou a mulher. Como a natureza poética de Peixes, contudo, lhe permite sublimar a vontade, estas bobagens do dia-a-dia não o atingem muito. Ele pode se safar da condição de vítima pintando, compondo ou pondo em versos toda esta chateação. Com seu talento natural, terá uma carreira arrasadora. No ramo da fantasia, Peixes será sempre *the best*.

Terapias para um pisciano à beira de um ataque de nervos

Devido à sua extrema sensibilidade, o pisciano tende a ouvir demais os outros, o que é péssimo, pois vão estar sempre diagnosticando torto seus males, e recomendando remédios mais fatais que a doença. Nada, portanto, de freqüentar consultórios: os psipalpites só vão torná-lo mais confuso e endividado. O maior problema nervoso de Peixes, ao contrário do que se diz, não é o escapismo – essa é uma das virtudes que lhe permite, por exemplo, conviver mais pacificamente que seus onze companheiros com a ameaça de assalto a cada esquina.

A típica neurose pisciana é a síndrome da esponja: uma extraordinária capacidade para se embebedar com o astral dos outros, captando e introjetando o astral do colega recém-demitido, o astral do filho reprovado nos exames, o astral da conta corrente no negativo e, muitas vezes, o astral da sogra. É muito natural, portanto, que ele se sinta exausto ao fim do dia, com tanto baixo astral por perto. Para recuperar a saúde mental, a terapia certa é aquela que o afaste das energias alheias, e o reaproxime de si mesmo: a T.V.P., ou Terapia de Vidas Passadas, onde o pisciano, após uma regressão de trinta minutos, descobrirá que, em outras encarnações, foi um conde russo na época de Catarina, a Grande, ou um lorde favorítíssimo da rainha Elizabeth.

A T.V.P. não tem contra-indicações, porque até hoje não se tem notícia de alguém que tenha regredido à condição de camponês maltrapilho ou trabalhador das minas de carvão inglesas no século passado. A meditação transcendental também é uma boa: depois de repetir

"Ohm" duas dezenas de vezes, de olhos semicerrados e respirando totalmente com a barriga, o pisciano estará pronto para enfrentar o stress da atual encarnação.

Tipos ideais

(Como se ajeitar, com o maior conforto possível, com cada representante do zodíaco)

ALERTA! *(vale para ambos os sexos)*

Como dizem os sábios budistas, da vida nada se leva, a não ser um punhado de ilusões. Nisso os piscianos são craques – românticos, sentimentais, meigos, dengosos, impressionáveis, estão sempre prontos para cair no canto da primeira sereia que se aproxime. Conquistá-los, portanto, é tarefa de criança: basta entoar uma frasezinha mais musical ao seu ouvido, bater os cílios de um modo todo especial e caprichar num ou dois suspiros fundos, que o Peixe está na rede. O difícil vem depois: o devotamento exigido por um Peixes tem implicações abissais.

"Peixes é o maior ombro do zodíaco. Sempre cabe mais um para se lamentar."

Ele nunca vai se contentar em estar ao seu lado, mas terá que estar praticamente no seu colo, ou no mínimo agarradíssimo a você. Não lhe bastará uma certidão de casamento, se você se portar como um marido ou esposa convencionais, esquecendo de declarar-se apaixonado dez vezes ao dia. Telefonar-lhe a cada meia hora no trabalho será insuficiente. O Peixes quer mais, se possível entrar em simbiose total com o parceiro.

Dizem que ele merece: as mulheres piscianas são as mais adoráveis do zodíaco, o cúmulo da feminilidade, e os homens piscianos os mais ternos e devotados. Será impossível resistir-lhes.

Às vezes você pode ter a estranha sensação de que o amor do Peixes é tão infinito, tão oceânico, que ele está na verdade apaixonado pela idéia de estar apaixonado, e não propriamente pela criatura de 1,65m e olhos castanhos que é como você se parece ao espelho. Mas isso nunca será um motivo honesto para deixá-lo escorregar da sua mão.

Combinações possíveis

As melhores

Peixes e Áries

Peixes deve se matricular em algumas aulas de liberação da agressividade para conviver com Áires. Os dois se atraem terrivelmente, mas, passado o frenesi inicial, Áires pode se impacientar com tanta delicadeza. Peixes precisa treinar gritos e socos na mesa, em vez de lágrimas, e ameaçar matá-lo, em vez de se suicidar. Então, o romance será eterno.

Peixes e Touro

Peixes pode ser um signo muito espiritualizado, mas isto não significa que ele despreze os apelos da carne. Com Touro, suas preces serão atendidas: este será um par muito ligado aos afazeres sensuais.

Peixes e Gêmeos

Um é muito sensitivo, o outro exageradamente cerebral. Mas os dois adoram inventar histórias. "Quando eu fui convidado para o festival de Cannes no ano passado...", dirá o Gêmeos, sem especificar que trabalha como tradutor-intérprete. Peixes fechará os olhos e imaginará seu Gêmeos cercado de celebridades. Se eles capricharem nas suas estilizações da realidade, a vida a dois será uma fábula sem interrupções.

Peixes e Câncer

Uma festa para o inconsciente. Todo dia, ao acordarem, vão relatar os sonhos um para o outro, e interpretar-se mutuamente. Suas afinidades são inesgotáveis: olhar juntos as estrelas, tirar juntos o *I Ching*, escolher juntos o incenso. Mesmo que tenham de debater questões secundárias, como a declaração do imposto de renda, o farão em voz baixa e num ambiente de absoluta harmonia yin-yang.

Peixes e Leão

Grau zero de comunicação sensorial. O Leão precisa de alguém que reflita sua portentosa imagem, mas Peixes só consegue refletir suas próprias e nebulosas sensações interiores. Mas se o extrovertido Leão notar que seu calado Peixes é de um devotamento sem paralelo, tudo correrá extraordinariamente bem.

Peixes e Virgem

Ninguém vai entender o que mantém junto este casal, já que um é supermístico, e o outro hiperprático. É que ninguém sabe que Virgem, na intimidade, é um dos mais fortes candidatos a esotérico-modelo. Com Peixes ao seu lado, esta porção esotérica vai desabrochar e os dois, juntos, vão abrir o mais bem-sucedido centro de pesquisas e debates sobre a Nova Era.

Peixes e Libra

Eles nunca vão se compreender muito, mas, em compensação, jamais vão brigar. Nenhum dos dois costuma elevar o tom de voz ou partir para gestos bruscos. Se o pisciano for um psicólogo ou tarólogo famoso, eles podem durar dez anos juntos, e ainda repetirem "com licença" cada vez que tiverem de tirar os pratos da mesa.

Peixes e Escorpião

Um fenômeno único de comunicação telepática à primeira vista. Eles mal precisarão falar. Também adivinharão imediatamente se aquela história de "eu fiquei fazendo hora extra até tarde" é um fato ou uma desculpa esfarrapada. Convém que se mantenham fiéis um ao outro, mesmo porque, neste caso, não há outra saída.

Peixes e Sagitário

Um romance um tanto improvável. Peixes até pode condescender e perdoar as gafes sagitarianas, mas nunca se adaptará ao seu estilo frenético de viver. Sagitário pode se encantar com os ares delicados do pisciano, mas vai se enjoar com a extrema doçura do parceiro. Ou Peixes se esforça para se tornar mais ativo, ou Sagitário se conforma a fazer seus programas desacompanhado.

Peixes e Capricórnio

Eles são tão diferentes que só conviverão se desistirem de enquadrar um ao outro. Quando Peixes se atrasar quarenta minutos para um encontro, porque estava imerso numa meditação transcendental, o Cabrito deve aproveitar para fazer seus telefonemas ao banco, seguradora do carro, corretor de ações, etc. etc. Quando Capricórnio esquecer da data de aniversário do Peixes, este deve convidá-lo para passar numa joalheria, em vez de se trancar no quarto chorando. Se forem maduros, serão felizes.

Peixes e Aquário

Não adianta querer convencer o aquariano de que ele está diante da maior sensibilidade do zodíaco. É mais conveniente que eles se matriculem em cursos complementares: Aquário em astronomia, Peixes em astrologia. Ao menos os astros eles discutirão juntos, mantendo cada qual suas perspectivas.

Peixes e Peixes

Eles precisam providenciar rapidamente muitos filhos, para criar algum vínculo mais sólido com a realidade. O único senão é que filhos custam um bocado de dinheiro, e este segundo vínculo com a realidade exigirá de ambos esforços titânicos. Mas como, juntos, têm uma intuição que vale por quatro, podem rapidamente descobrir um nicho de mercado ainda inexplorado e, assim, complementar o orçamento familiar.

Como manter o caso firme
(E Agüentar as Conseqüências)*

Sogra

Neste departamento o mar não está para peixe. Piscianos tendem a ser muito edipianos, quase tanto

* V.P.A.S. (Vale para ambos os sexos)

quanto os Caranguejos. A mãe do Peixes foi seu primeiro contato com o mundo – sugestionável como é, ele jamais se libertará de sua primeira e idílica sensação. Vá com calma e com toda intuição de que for capaz. E jamais se meta entre um Peixes e sua mãe – o diálogo entre eles é mais ou menos como a linguagem das baleias, uma beleza, mas absolutamente indecifrável.

Casa

Por menor que seja, o lar do pisciano precisa de um cômodo extra onde ele possa se refugiar para suas sessões de meditação, reenergização ou simplesmente recuperação de um congestionamento de uma hora no caminho do trabalho para casa. Jamais force a fechadura quando ele estiver trancado, mesmo se ouvir uns gemidos estranhos – serão apenas os cânticos budistas de um disco que ele acabou de comprar. Providencie incenso, espalhe flores alaranjadas pelos vasos, instale luminárias japonesas de papel e compre um aquário: um ambiente destes será a melhor isca para atrair o Peixes para a sala de jantar.

Os meus, os seus e os nossos

Uma cena nada incomum será a de você em pé passando uma descompostura nos quatro sentados à sua frente, que haviam prometido chegar às oito para jantar, sumiram e despencaram lépidos e despreocupados às quatro da manhã, depois de você já ter ligado para prontos-socorros e polícia: sentados com ar de quem não entende por que tanta confusão foi armada estarão o seu filho, o dele, o de vocês dois, e ele, o Peixes-progenitor. Peixes são péssimos em disciplina. Mas carinhosíssimos.

Amigos

Peixes é o maior ombro do zodíaco – todos que queiram chorar nele são bem-vindos. E a solidariedade pisciana não é por etiqueta, como a libriana; por uma questão de princípios, como a sagitariana, ou universal, como a aquariana. Se um amigo está endividado, o Peixes terá tanta insônia quanto ele, e vai estourar um champanhe melhor que o dele quando sair o empréstimo.

Brigas

Como todos os seres marinhos, eles se adaptam melhor num ambiente tépido. Peixes fogem até mesmo de discussões bizantinas, e deslizam rápido para fora de qualquer briga. São muito escorregadios, evitam tomar partido e, se forçados a falar em público, gaguejam propositalmente para deixar a platéia ainda mais inibida do que eles. Quando feridos, porém, transformam-se em tubarões impiedosos, gélidos e cruéis.

O esporte sob medida

Nadar, sem dúvida. Peixes mais ativos podem se dedicar à pesca submarina ou à asa-delta. O importante é que a prática esportiva seja individual, calma, silenciosa e sem horários fixos ou aterrissagens forçadas. Quanto mais o esporte se parecer a uma atividade onírica – como planar sobre o mundo ou andar sobre as águas –, melhor.

Como, quando e para onde viajar

Peixes está sempre numa *trip*, viajando na sua imaginação. Não vai achar insólito, nem mesmo exótico, se tiver que partir para o Yemen do Sul, ou refazer na corcova de um camelo a antiga rota chinesa da seda: ambas as hipóteses lhe parecerão a conseqüência natural de algumas imagens bastante nítidas na sua fantasia, como muçulmanas tirando água de um milenar poço de pedra, ou uma caravana cortando a poeira do deserto, tudo muito óbvio e natural. Se fosse o hotel Hilton em Chicago, aí sim, ele iria estranhar. Quanto mais vaga e misteriosa for a viagem – um Nepal, um Tibet – mais em casa o Peixes se sentirá. Ele não pode ir desacompanhado, porém – se perderia com muita facilidade nestes labirintos suspensos no tempo.

Roteiros acima de qualquer suspeita

Peixes flutuará de satisfação num *ashram* na Índia, pisando a catedral de Chartres, pesquisando pirâmides no Egito ou no México, ou embarcando no lendário Expresso Oriente. São Petersburgo, agora que voltou a ter o nome e aura originais, também é indicada. Brasília pode ser surpreendentemente aconchegante, se ele se mantiver longe da praça dos Três Poderes e se limitar a sentir a energia emanada das inúmeras jazidas de cristais das redondezas.

Kit de viagem

Um acompanhante sensato. A ele caberá arrumar as malas, decidir onde almoçar, em qual hotel fazer as reservas, e quais templos visitar de manhã e à tarde. E providenciar, acima de tudo, para que o Peixes se lembre de que o sonho um dia vai acabar – mais precisamente, naquele dia e hora assinalados na passagem aérea.

Noitadas e comilanças

A noite será sempre suave para o pisciano. Nada de badalações muito barulhentas, populosas e enfumaçadas, mas aquele piano-bar onde ele senta na penumbra e toma suas múltiplas doses de uísque. Aliás, são múltiplas mesmo, e esse é o único perigo que a noite lhe reserva: muitas doses além da conta. Bares de hotéis são apropriados – nunca estão muito cheios, e não se encontram conhecidos chatos. A grande noite pisciana seria uma festa à fantasia, em que o Peixes pudesse se dissolver no anonimato de colombinas, odaliscas, arlequins. Carnaval não serve, o Peixes tem um arraigado senso de pudor. Eles também adoram noitadas místico-esotéricas, como uma palestra sobre o resgate da alma ao som de tambores xamânicos, seguida de um intervalo para meditação, e culminando com todo mundo dançando a dança dos dervixes.

Moda Peixes

Diáfana para elas, em tom pastel para eles. As piscianas preferem saias longas e rodadas, blusas recatadas com gola, sapatilhas baixas e um perfume floral tão leve que parece só banho tomado. Os piscianos se dão muito bem com camisas imaculadamente brancas, calças bege, suéteres azul-bebê. Ambos são impecáveis mas nunca parecem engomados.

A biblioteca do Peixes

Tudo que for esotérico: astrologia, quiromancia, cristais que curam, pedras energéticas, tarô, novas interpretações do *I Ching*, versões resumidas da Cabala, sutras budistas, mantras hinduístas e biografias secretas de Leonardo da Vinci. Os piscianos devem evitar a leitura muito assídua de jornais, porque podem cair em depressão. Seu livro de cabeceira não é a autobiografia de um iogue, como pode parecer, mas o mais fantasioso dos gêneros: os contos de fadas, dos irmãos Grimm ou de Hans Christian Andersen. Além de apropriados para todas as idades, parecerão ao pisciano crônicas hiper-realistas.

A Videoteca de Peixes

Martini batido, não misturado ("*Shaken, please, not stirred*"): todo *bartender* sabe que esta é a pedida de James. Pois até o impávido Bond precisa relaxar, mas com o *drink* certo.

Todos os filmes de fantasmas e reencarnações.
Filmes com fadas, dragões e duendes.
A última tentação de Cristo
Mar adentro
Sonhos, de Kurosawa
A noviça rebelde
Em busca da Terra do Nunca
Bambi

Piscianos poderiam passar a vida mergulhados no escurinho do cinema. Numa cinemateca, eles pediriam bis para *Sonhos* de Kurosawa.

O presente ideal

Uma carta bem amorosa, e escrita de próprio punho. Tem de ser sincera, porque Peixes sabe ler nas entrelinhas.

Peixes levaria para uma ilha deserta

Ele: Ingrid Bergman ou Greta Garbo, e algumas garrafas de uísque.

Ela: Paul Newman e muito champanhe.

Coleção **L&PM** POCKET (LANÇAMENTOS MAIS RECENTES)

210.**O grande deflorador** – Dalton Trevisan
212.**Homem do princípio ao fim** – Millôr Fernandes
213.**Aline e seus dois namorados (1)** – A. Iturrusgarai
214.**A juba do leão** – Sir Arthur Conan Doyle
215.**Assassino metido a esperto** – R. Chandler
216.**Confissões de um comedor de ópio** – T.De Quincey
217.**Os sofrimentos do jovem Werther** – Goethe
218.**Fedra** – Racine / Trad. Millôr Fernandes
219.**O vampiro de Sussex** – Conan Doyle
220.**Sonho de uma noite de verão** – Shakespeare
221.**Dias e noites de amor e de guerra** – Galeano
222.**O Profeta** – Khalil Gibran
223.**Flávia, cabeça, tronco e membros** – M. Fernandes
224.**Guia da ópera** – Jeanne Suhamy
225.**Macário** – Álvares de Azevedo
226.**Etiqueta na prática** – Celia Ribeiro
227.**Manifesto do partido comunista** – Marx & Engels
228.**Poemas** – Millôr Fernandes
229.**Um inimigo do povo** – Henrik Ibsen
230.**O paraíso destruído** – Frei B. de las Casas
231.**O gato no escuro** – Josué Guimarães
232.**O mágico de Oz** – L. Frank Baum
233.**Armas no Cyrano's** – Raymond Chandler
234.**Max e os felinos** – Moacyr Scliar
235.**Nos céus de Paris** – Alcy Cheuiche
236.**Os bandoleiros** – Schiller
237.**A primeira coisa que eu botei na boca** – Deonísio da Silva
238.**As aventuras de Simbad, o marújo**
239.**O retrato de Dorian Gray** – Oscar Wilde
240.**A carteira de meu tio** – J. Manuel de Macedo
241.**A luneta mágica** – J. Manuel de Macedo
242.**A metamorfose** – Kafka
243.**A flecha de ouro** – Joseph Conrad
244.**A ilha do tesouro** – R. L. Stevenson
245.**Marx - Vida & Obra** – José A. Giannotti
246.**Gênesis**
247.**Unidos para sempre** – Ruth Rendell
248.**A arte de amar** – Ovídio
249.**O sono eterno** – Raymond Chandler
250.**Novas receitas do Anonymus Gourmet** – J.A.P.M.
251.**A nova catacumba** – Arthur Conan Doyle
252.**Dr. Negro** – Arthur Conan Doyle
253.**Os voluntários** – Moacyr Scliar
254.**A bela adormecida** – Irmãos Grimm
255.**O príncipe sapo** – Irmãos Grimm
256.**Confissões** *e* **Memórias** – H. Heine
257.**Viva o Alegrete** – Sergio Faraco
258.**Vou estar esperando** – R. Chandler
259.**A senhora Beate e seu filho** – Schnitzler
260.**O ovo apunhalado** – Caio Fernando Abreu
261.**O ciclo das águas** – Moacyr Scliar
262.**Millôr Definitivo** – Millôr Fernandes
264.**Viagem ao centro da Terra** – Júlio Verne
265.**A dama do lago** – Raymond Chandler
266.**Caninos brancos** – Jack London
267.**O médico e o monstro** – R. L. Stevenson
268.**A tempestade** – William Shakespeare
269.**Assassinatos na rua Morgue** – E. Allan Poe
270.**99 corruíras nanicas** – Dalton Trevisan
271.**Broquéis** – Cruz e Sousa
272.**Mês de cães danados** – Moacyr Scliar
273.**Anarquistas – vol. 1 – A idéia** – G. Woodcock
274.**Anarquistas – vol. 2 – O movimento** – G.Woodcock
275.**Pai e filho, filho e pai** – Moacyr Scliar
276.**As aventuras de Tom Sawyer** – Mark Twain
277.**Muito barulho por nada** – W. Shakespeare
278.**Elogio da loucura** – Erasmo
279.**Autobiografia de Alice B. Toklas** – G. Stein
280.**O chamado da floresta** – J. London
281.**Uma agulha para o diabo** – Ruth Rendell
282.**Verdes vales do fim do mundo** – A. Bivar
283.**Ovelhas negras** – Caio Fernando Abreu
284.**O fantasma de Canterville** – O. Wilde
285.**Receitas de Yayá Ribeiro** – Celia Ribeiro
286.**A galinha degolada** – H. Quiroga
287.**O último adeus de Sherlock Holmes** – A. Conan Doyle
288.**A. Gourmet** *em* **Histórias de cama & mesa** – J. A. Pinheiro Machado
289.**Topless** – Martha Medeiros
290.**Mais receitas do Anonymus Gourmet** – J. A. Pinheiro Machado
291.**Origens do discurso democrático** – D. Schüler
292.**Humor politicamente incorreto** – Nani
293.**O teatro do bem e do mal** – E. Galeano
294.**Garibaldi & Manoela** – J. Guimarães
295.**10 dias que abalaram o mundo** – John Reed
296.**Numa fria** – Bukowski
297.**Poesia de Florbela Espanca** vol. 1
298.**Poesia de Florbela Espanca** vol. 2
299.**Escreva certo** – E. Oliveira e M. E. Bernd
300.**O vermelho e o negro** – Stendhal
301.**Ecce homo** – Friedrich Nietzsche
302(7).**Comer bem, sem culpa** – Dr. Fernando Lucchese, A. Gourmet e Iotti
303.**O livro de Cesário Verde** – Cesário Verde
305.**100 receitas de macarrão** – S. Lancellotti
306.**160 receitas de molhos** – S. Lancellotti
307.**100 receitas light** – H. e Â. Tonetto
308.**100 receitas de sobremesas** – Celia Ribeiro
309.**Mais de 100 dicas de churrasco** – Leon Diziekaniak
310.**100 receitas de acompanhamentos** – C. Cabeda
311.**Honra ou vendetta** – S. Lancellotti
312.**A alma do homem sob o socialismo** – Oscar Wilde
313.**Tudo sobre Yôga** – Mestre De Rose
314.**Os varões assinalados** – Tabajara Ruas
315.**Édipo em Colono** – Sófocles
316.**Lisístrata** – Aristófanes / trad. Millôr
317.**Sonhos de Bunker Hill** – John Fante
318.**Os deuses de Raquel** – Moacyr Scliar
319.**O colosso de Marússia** – Henry Miller
320.**As eruditas** – Molière / trad. Millôr
321.**Radicci 1** – Iotti
322.**Os Sete contra Tebas** – Ésquilo
323.**Brasil Terra à vista** – Eduardo Bueno
324.**Radicci 2** – Iotti

325.**Júlio César** – William Shakespeare
326.**A carta de Pero Vaz de Caminha**
327.**Cozinha Clássica** – Sílvio Lancellotti
328.**Madame Bovary** – Gustave Flaubert
329.**Dicionário do viajante insólito** – M. Scliar
330.**O capitão saiu para o almoço...** – Bukowski
331.**A carta roubada** – Edgar Allan Poe
332.**É tarde para saber** – Josué Guimarães
333.**O livro de bolso da Astrologia** – Maggy Harrisonx e Mellina Li
334.**1933 foi um ano ruim** – John Fante
335.**100 receitas de arroz** – Aninha Comas
336.**Guia prático do Português correto – vol. 1** – Cláudio Moreno
337.**Bartleby, o escriturário** – H. Melville
338.**Enterrem meu coração na curva do rio** – Dee Brown
339.**Um conto de Natal** – Charles Dickens
340.**Cozinha sem segredos** – J. A. P. Machado
341.**A dama das Camélias** – A. Dumas Filho
342.**Alimentação saudável** – H. e Â. Tonetto
343.**Continhos galantes** – Dalton Trevisan
344.**A Divina Comédia** – Dante Alighieri
345.**A Dupla Sertanojo** – Santiago
346.**Cavalos do amanhecer** – Mario Arregui
347.**Biografia de Vincent van Gogh por sua cunhada** – Jo van Gogh-Bonger
348.**Radicci 3** – Iotti
349.**Nada de novo no front** – E. M. Remarque
350.**A hora dos assassinos** – Henry Miller
351.**Flush - Memórias de um cão** – Virginia Woolf
352.**A guerra no Bom Fim** – M. Scliar
353(1).**O caso Saint-Fiacre** – Simenon
354(2).**Morte na alta sociedade** – Simenon
355(3).**O cão amarelo** – Simenon
356(4).**Maigret e o homem do banco** – Simenon
357.**As uvas e o vento** – Pablo Neruda
358.**On the road** – Jack Kerouac
359.**O coração amarelo** – Pablo Neruda
360.**Livro das perguntas** – Pablo Neruda
361.**Noite de Reis** – William Shakespeare
362.**Manual de Ecologia** – vol.1 – J. Lutzenberger
363.**O mais longo dos dias** – Cornelius Ryan
364.**Foi bom prá você?** – Nani
365.**Crepusculário** – Pablo Neruda
366.**A comédia dos erros** – Shakespeare
367(5).**A primeira investigação de Maigret** – Simenon
368(6).**As férias de Maigret** – Simenon
369.**Mate-me por favor (vol.1)** – L. McNeil
370.**Mate-me por favor (vol.2)** – L. McNeil
371.**Carta ao pai** – Kafka
372.**Os vagabundos iluminados** – J. Kerouac
373(7).**O enforcado** – Simenon
374(8).**A fúria de Maigret** – Simenon
375.**Vargas, uma biografia política** – H. Silva
376.**Poesia reunida (vol.1)** – A. R. de Sant'Anna
377.**Poesia reunida (vol.2)** – A. R. de Sant'Anna
378.**Alice no país do espelho** – Lewis Carroll
379.**Residência na Terra 1** – Pablo Neruda
380.**Residência na Terra 2** – Pablo Neruda
381.**Terceira Residência** – Pablo Neruda
382.**O delírio amoroso** – Bocage
383.**Futebol ao sol e à sombra** – E. Galeano
384(9).**O porto das brumas** – Simenon
385(10).**Maigret e seu morto** – Simenon
386.**Radicci 4** – Iotti
387.**Boas maneiras & sucesso nos negócios** – Celia Ribeiro
388.**Uma história Farroupilha** – M. Scliar
389.**Na mesa ninguém envelhece** – J. A. P. Machado
390.**200 receitas inéditas do Anonymus Gourmet** – J. A. Pinheiro Machado
391.**Guia prático do Português correto – vol.2** – Cláudio Moreno
392.**Breviário das terras do Brasil** – Assis Brasil
393.**Cantos Cerimoniais** – Pablo Neruda
394.**Jardim de Inverno** – Pablo Neruda
395.**Antonio e Cleópatra** – William Shakespeare
396.**Tróia** – Cláudio Moreno
397.**Meu tio matou um cara** – Jorge Furtado
398.**O anatomista** – Federico Andahazi
399.**As viagens de Gulliver** – Jonathan Swift
400.**Dom Quixote –** (v. 1) – Miguel de Cervantes
401.**Dom Quixote –** (v. 2) – Miguel de Cervantes
402.**Sozinho no Pólo Norte** – Thomaz Brandolin
403.**Matadouro 5** – Kurt Vonnegut
404.**Delta de Vênus** – Anaïs Nin
405.**O melhor de Hagar 2** – Dik Browne
406.**É grave Doutor?** – Nani
407.**Orai pornô** – Nani
408(11).**Maigret em Nova York** – Simenon
409(12).**O assassino sem rosto** – Simenon
410(13).**O mistério das jóias roubadas** – Simenon
411.**A irmãzinha** – Raymond Chandler
412.**Três contos** – Gustave Flaubert
413.**De ratos e homens** – John Steinbeck
414.**Lazarilho de Tormes** – Anônimo do séc. XVI
415.**Triângulo das águas** – Caio Fernando Abreu
416.**100 receitas de carnes** – Sílvio Lancellotti
417.**Histórias de robôs:** vol. 1 – org. Isaac Asimov
418.**Histórias de robôs:** vol. 2 – org. Isaac Asimov
419.**Histórias de robôs:** vol. 3 – org. Isaac Asimov
420.**O país dos centauros** – Tabajara Ruas
421.**A república de Anita** – Tabajara Ruas
422.**A carga dos lanceiros** – Tabajara Ruas
423.**Um amigo de Kafka** – Isaac Singer
424.**As alegres matronas de Windsor** – Shakespeare
425.**Amor e exílio** – Isaac Bashevis Singer
426.**Use & abuse do seu signo** – Marília Fiorillo e Marylou Simonsen
427.**Pigmaleão** – Bernard Shaw
428.**As fenícias** – Eurípides
429.**Everest** – Thomaz Brandolin
430.**A arte de furtar** – Anônimo do séc. XVI
431.**Billy Bud** – Herman Melville
432.**A rosa separada** – Pablo Neruda
433.**Elegia** – Pablo Neruda
434.**A garota de Cassidy** – David Goodis
435.**Como fazer a guerra: máximas de Napoleão** – Balzac
436.**Poemas escolhidos** – Emily Dickinson
437.**Gracias por el fuego** – Mario Benedetti
438.**O sofá** – Crébillon Fils
439.**O "Martín Fierro"** – Jorge Luis Borges
440.**Trabalhos de amor perdidos** – W. Shakespeare

441.**O melhor de Hagar 3** – Dik Browne
442.**Os Maias (volume1)** – Eça de Queiroz
443.**Os Maias (volume2)** – Eça de Queiroz
444.**Anti-Justine** – Restif de La Bretonne
445.**Juventude** – Joseph Conrad
446.**Contos** – Eça de Queiroz
447.**Janela para a morte** – Raymond Chandler
448.**Um amor de Swann** – Marcel Proust
449.**À paz perpétua** – Immanuel Kant
450.**A conquista do México** – Hernan Cortez
451.**Defeitos escolhidos e 2000** – Pablo Neruda
452.**O casamento do céu e do inferno** – William Blake
453.**A primeira viagem ao redor do mundo** – Antonio Pigafetta
454(14).**Uma sombra na janela** – Simenon
455(15).**A noite da encruzilhada** – Simenon
456(16).**A velha senhora** – Simenon
457.**Sartre** – Annie Cohen-Solal
458.**Discurso do método** – René Descartes
459.**Garfield em grande forma (1)** – Jim Davis
460.**Garfield está de dieta** (2) – Jim Davis
461.**O livro das feras** – Patricia Highsmith
462.**Viajante solitário** – Jack Kerouac
463.**Auto da barca do inferno** – Gil Vicente
464.**O livro vermelho dos pensamentos de Millôr** – Millôr Fernandes
465.**O livro dos abraços** – Eduardo Galeano
466.**Voltaremos!** – José Antonio Pinheiro Machado
467.**Rango** – Edgar Vasques
468(8).**Dieta mediterrânea** – Dr. Fernando Lucchese e José Antonio Pinheiro Machado
469.**Radicci 5** – Iotti
470.**Pequenos pássaros** – Anaïs Nin
471.**Guia prático do Português correto – vol.3** – Cláudio Moreno
472.**Atire no pianista** – David Goodis
473.**Antologia Poética** – García Lorca
474.**Alexandre e César** – Plutarco
475.**Uma espiã na casa do amor** – Anaïs Nin
476.**A gorda do Tiki Bar** – Dalton Trevisan
477.**Garfield um gato de peso (3)** – Jim Davis
478.**Canibais** – David Coimbra
479.**A arte de escrever** – Arthur Schopenhauer
480.**Pinóquio** – Carlo Collodi
481.**Misto-quente** – Bukowski
482.**A lua na sarjeta** – David Goodis
483.**O melhor do Recruta Zero (1)** – Mort Walker
484.**Aline: TPM – tensão pré-monstrual (2)** – Adão Iturrusgarai
485.**Sermões do Padre Antonio Vieira**
486.**Garfield numa boa (4)** – Jim Davis
487.**Mensagem** – Fernando Pessoa
488.**Vendeta** *seguido de* **A paz conjugal** – Balzac
489.**Poemas de Alberto Caeiro** – Fernando Pessoa
490.**Ferragus** – Honoré de Balzac
491.**A duquesa de Langeais** – Honoré de Balzac
492.**A menina dos olhos de ouro** – Honoré de Balzac
493.**O lírio do vale** – Honoré de Balzac
494(17).**A barcaça da morte** – Simenon
495(18).**As testemunhas rebeldes** – Simenon
496(19).**Um engano de Maigret** – Simenon
497(1).**A noite das bruxas** – Agatha Christie
498(2).**Um passe de mágica** – Agatha Christie
499(3).**Nêmesis** – Agatha Christie
500.**Esboço para uma teoria das emoções** – Sartre
501.**Renda básica de cidadania** – Eduardo Suplicy
502(1).**Pílulas para viver melhor** – Dr. Lucchese
503(2).**Pílulas para prolongar a juventude** – Dr. Lucchese
504(3).**Desembarcando o diabetes** – Dr. Lucchese
505(4).**Desembarcando o sedentarismo** – Dr. Fernando Lucchese e Cláudio Castro
506(5).**Desembarcando a hipertensão** – Dr. Lucchese
507(6).**Desembarcando o colesterol** – Dr. Fernando Lucchese e Fernanda Lucchese
508.**Estudos de mulher** – Balzac
509.**O terceiro tira** – Flann O'Brien
510.**100 receitas de aves e ovos** – J. A. P. Machado
511.**Garfield em toneladas de diversão** (5) – Jim Davis
512.**Trem-bala** – Martha Medeiros
513.**Os cães ladram** – Truman Capote
514.**O Kama Sutra de Vatsyayana**
515.**O crime do Padre Amaro** – Eça de Queiroz
516.**Odes de Ricardo Reis** – Fernando Pessoa
517.**O inverno da nossa desesperança** – Steinbeck
518.**Piratas do Tietê (1)** – Laerte
519.**Rê Bordosa: do começo ao fim** – Angeli
520.**O Harlem é escuro** – Chester Himes
521.**Café-da-manhã dos campeões** – Kurt Vonnegut
522.**Eugénie Grandet** – Balzac
523.**O último magnata** – F. Scott Fitzgerald
524.**Carol** – Patricia Highsmith
525.**100 receitas de patisseria** – Sílvio Lancellotti
526.**O fator humano** – Graham Greene
527.**Tristessa** – Jack Kerouac
528.**O diamante do tamanho do Ritz** – S. Fitzgerald
529.**As melhores histórias de Sherlock Holmes** – Arthur Conan Doyle
530.**Cartas a um jovem poeta** – Rilke
531(20).**Memórias de Maigret** – Simenon
532(4).**O misterioso sr. Quin** – Agatha Christie
533.**Os analectos** – Confúcio
534(21).**Maigret e os homens de bem** – Simenon
535(22).**O medo de Maigret** – Simenon
536.**Ascensão e queda de César Birotteau** – Balzac
537.**Sexta-feira negra** – David Goodis
538.**Ora bolas – O humor de Mario Quintana** – Juarez Fonseca
539.**Longe daqui aqui mesmo** – Antonio Bivar
540(5).**É fácil matar** – Agatha Christie
541.**O pai Goriot** – Balzac
542.**Brasil, um país do futuro** – Stefan Zweig
543.**O processo** – Kafka
544.**O melhor de Hagar 4** – Dik Browne
545(6).**Por que não pediram a Evans?** – Agatha Christie
546.**Fanny Hill** – John Cleland
547.**O gato por dentro** – William S. Burroughs
548.**Sobre a brevidade da vida** – Sêneca
549.**Geraldão (1)** – Glauco
550.**Piratas do Tietê (2)** – Laerte
551.**Pagando o pato** – Ciça
552.**Garfield de bom humor (6)** – Jim Davis
553.**Conhece o Mário?** vol.1 – Santiago
554.**Radicci 6** – Iotti

555.**Os subterrâneos** – Jack Kerouac
556(1).**Balzac** – François Taillandier
557(2).**Modigliani** – Christian Parisot
558(3).**Kafka** – Gérard-Georges Lemaire
559(4).**Júlio César** – Joël Schmidt
560.**Receitas da família** – J. A. Pinheiro Machado
561.**Boas maneiras à mesa** – Celia Ribeiro
562(9).**Filhos sadios, pais felizes** – R. Pagnoncelli
563(10).**Fatos & mitos** – Dr. Fernando Lucchese
564.**Ménage à trois** – Paula Taitelbaum
565.**Mulheres!** – David Coimbra
566.**Poemas de Álvaro de Campos** – Fernando Pessoa
567.**Medo e outras histórias** – Stefan Zweig
568.**Snoopy e sua turma (1)** – Schulz
569.**Piadas para sempre (1)** – Visconde da Casa Verde
570.**O alvo móvel** – Ross Macdonald
571.**O melhor do Recruta Zero (2)** – Mort Walker
572.**Um sonho americano** – Norman Mailer
573.**Os broncos também amam** – Angeli
574.**Crônica de um amor louco** – Bukowski
575(5).**Freud** – René Major e Chantal Talagrand
576(6).**Picasso** – Gilles Plazy
577(7).**Gandhi** – Christine Jordis
578.**A tumba** – H. P. Lovecraft
579.**O príncipe e o mendigo** – Mark Twain
580.**Garfield, um charme de gato (7)** – Jim Davis
581.**Ilusões perdidas** – Balzac
582.**Esplendores e misérias das cortesãs** – Balzac
583.**Walter Ego** – Angeli
584.**Striptiras (1)** – Laerte
585.**Fagundes: um puxa-saco de mão cheia** – Laerte
586.**Depois do último trem** – Josué Guimarães
587.**Ricardo III** – Shakespeare
588.**Dona Anja** – Josué Guimarães
589.**24 horas na vida de uma mulher** – Stefan Zweig
590.**O terceiro homem** – Graham Greene
591.**Mulher no escuro** – Dashiell Hammett
592.**No que acredito** – Bertrand Russell
593.**Odisséia (1): Telemaquia** – Homero
594.**O cavalo cego** – Josué Guimarães
595.**Henrique V** – Shakespeare
596.**Fabulário geral do delírio cotidiano** – Bukowski
597.**Tiros na noite 1: A mulher do bandido** – Dashiell Hammett
598.**Snoopy em Feliz Dia dos Namorados! (2)** – Schulz
599.**Mas não se matam cavalos?** – Horace McCoy
600.**Crime e castigo** – Dostoiévski
601(7).**Mistério no Caribe** – Agatha Christie
602.**Odisséia (2): Regresso** – Homero
603.**Piadas para sempre (2)** – Visconde da Casa Verde
604.**À sombra do vulcão** – Malcolm Lowry
605(8).**Kerouac** – Yves Buin
606.**E agora são cinzas** – Angeli
607.**As mil e uma noites** – Paulo Caruso
608.**Um assassino entre nós** – Ruth Rendell
609.**Crack-up** – F. Scott Fitzgerald
610.**Do amor** – Stendhal
611.**Cartas do Yage** – William Burroughs e Allen Ginsberg
612.**Striptiras (2)** – Laerte
613.**Henry & June** – Anaïs Nin
614.**A piscina mortal** – Ross Macdonald
615.**Geraldão (2)** – Glauco
616.**Tempo de delicadeza** – A. R. de Sant'Anna
617.**Tiros na noite 2: Medo de tiro** – Dashiell Hammett
618.**Snoopy em Assim é a vida, Charlie Brown! (3)** – Schulz
619.**1954 – Um tiro no coração** – Hélio Silva
620.**Sobre a inspiração poética (Íon)** e ... – Platão
621.**Garfield e seus amigos (8)** – Jim Davis
622.**Odisséia (3): Ítaca** – Homero
623.**A louca matança** – Chester Himes
624.**Factótum** – Bukowski
625.**Guerra e Paz: volume 1** – Tolstói
626.**Guerra e Paz: volume 2** – Tolstói
627.**Guerra e Paz: volume 3** – Tolstói
628.**Guerra e Paz: volume 4** – Tolstói
629(9).**Shakespeare** – Claude Mourthé
630.**Bem está o que bem acaba** – Shakespeare
631.**O contrato social** – Rousseau
632.**Geração Beat** – Jack Kerouac
633.**Snoopy: É Natal! (4)** – Charles Schulz
634(8).**Testemunha da acusação** – Agatha Christie
635.**Um elefante no caos** – Millôr Fernandes
636.**Guia de leitura (100 autores que você precisa ler)** – Organização de Léa Masina
637.**Pistoleiros também mandam flores** – David Coimbra
638.**O prazer das palavras** – vol. 1 – Cláudio Moreno
639.**O prazer das palavras** – vol. 2 – Cláudio Moreno
640.**Novíssimo testamento: com Deus e o diabo, a dupla da criação** – Iotti
641.**Literatura Brasileira: modos de usar** – Luís Augusto Fischer
642.**Dicionário de Porto-Alegrês** – Luís A. Fischer
643.**Clô Dias & Noites** – Sérgio Jockymann
644.**Memorial de Isla Negra** – Pablo Neruda
645.**Um homem extraordinário e outras histórias** – Tchékhov
646.**Ana sem terra** – Alcy Cheuiche
647.**Adultérios** – Woody Allen
648.**Para sempre ou nunca mais** – R. Chandler
649.**Nosso homem em Havana** – Graham Greene
650.**Dicionário Caldas Aulete de Bolso**
651.**Snoopy: Posso fazer uma pergunta, professora? (5)** – Charles Schulz
652(10).**Luís XVI** – Bernard Vincent
653.**O mercador de Veneza** – Shakespeare
654.**Cancioneiro** – Fernando Pessoa
655.**Non-Stop** – Martha Medeiros
656.**Carpinteiros, levantem bem alto a cumeeira & Seymour, uma apresentação** – J.D.Salinger
657.**Ensaios céticos** – Bertrand Russell
658.**O melhor de Hagar 5** – Dik e Chris Browne
659.**Primeiro amor** – Ivan Turguêniev
660.**A trégua** – Mario Benedetti
661.**Um parque de diversões da cabeça** – Lawrence Ferlinghetti
662.**Aprendendo a viver** – Sêneca
663.**Garfield, um gato em apuros (9)** – Jim Davis
664.**Dilbert 1** – Scott Adams
665.**Dicionário de dificuldades** – Domingos Paschoal Cegalla

666.**A imaginação** – Jean-Paul Sartre

667.**O ladrão e os cães** – Naguib Mahfuz

668.**Gramática do português contemporâneo** – Celso Cunha

669.**A volta do parafuso** *seguido de* **Daisy Miller** – Henry James

670.**Notas do subsolo** – Dostoiévski

671.**Abobrinhas da Brasilônia** – Glauco

672.**Geraldão (3)** – Glauco

673.**Piadas para sempre (3)** – Visconde da Casa Verde

674.**Duas viagens ao Brasil** – Hans Staden

675.**Bandeira de bolso** – Manuel Bandeira

676.**A arte da guerra** – Maquiavel

677.**Além do bem e do mal** – Nietzsche

678.**O coronel Chabert** *seguido de* **A mulher abandonada** – Balzac

679.**O sorriso de marfim** – Ross Macdonald

680.**100 receitas de pescados** – Sílvio Lancellotti

681.**O juiz e seu carrasco** – Friedrich Dürrenmatt

682.**Noites brancas** – Dostoiévski

683.**Quadras ao gosto popular** – Fernando Pessoa

684.**Romanceiro da Inconfidência** – Cecília Meireles

685.**Kaos** – Millôr Fernandes

686.**A pele de onagro** – Balzac

687.**As ligações perigosas** – Choderlos de Laclos

688.**Dicionário de matemática** – Luiz Fernandes Cardoso

689.**Os Lusíadas** – Luís Vaz de Camões

690(11).**Átila** – Éric Deschodt

691.**Um jeito tranqüilo de matar** – Chester Himes

692.**A felicidade conjugal** *seguido de* **O diabo** – Tolstói

693.**Viagem de um naturalista ao redor do mundo** – vol. 1 – Charles Darwin

694.**Viagem de um naturalista ao redor do mundo** – vol. 2 – Charles Darwin

695.**Memórias da casa dos mortos** – Dostoiévski

696.**A Celestina** – Fernando de Rojas

697.**Snoopy: Como você é azarado, Charlie Brown! (6)** – Charles Schulz

698.**Dez (quase) amores** – Claudia Tajes

699(9).**Poirot sempre espera** – Agatha Christie

700.**Cecília de bolso** – Cecília Meireles

701.**Apologia de Sócrates** *precedido de* **Êutifron** e *seguido de* **Críton** – Platão

702.**Wood & Stock** – Angeli

703.**Striptiras (3)** – Laerte

704.**Discurso sobre a origem e os fundamentos da desigualdade entre os homens** – Rousseau

705.**Os duelistas** – Joseph Conrad

706.**Dilbert (2)** – Scott Adams

707.**Viver e escrever** (vol. 1) – Edla van Steen

708.**Viver e escrever** (vol. 2) – Edla van Steen

709.**Viver e escrever** (vol. 3) – Edla van Steen

710(10).**A teia da aranha** – Agatha Christie

711.**O banquete** – Platão

712.**Os belos e malditos** – F. Scott Fitzgerald

713.**Libelo contra a arte moderna** – Salvador Dalí

714.**Akropolis** – Valerio Massimo Manfredi

715.**Devoradores de mortos** – Michael Crichton

716.**Sob o sol da Toscana** – Frances Mayes

717.**Batom na cueca** – Nani

718.**Vida dura** – Claudia Tajes

719.**Carne trêmula** – Ruth Rendell

720.**Cris, a fera** – David Coimbra

721.**O anticristo** – Nietzsche

722.**Como um romance** – Daniel Pennac

723.**Emboscada no Forte Bragg** – Tom Wolfe

724.**Assédio sexual** – Michael Crichton

725.**O espírito do Zen** – Alan W.Watts

726.**Um bonde chamado desejo** – Tennessee Williams

727.**Como gostais** *seguido de* **Conto de inverno** – Shakespeare

728.**Tratado sobre a tolerância** – Voltaire

729.**Snoopy: Doces ou travessuras? (7)** – Charles Schulz

730.**Cardápios do Anonymus Gourmet** – J.A. Pinheiro Machado

731.**100 receitas com lata** – J.A. Pinheiro Machado

732.**Conhece o Mário?** vol.2 – Santiago

733.**Dilbert (3)** – Scott Adams

734.**História de um louco amor** *seguido de* **Passado amor** – Horacio Quiroga

735(11).**Sexo: muito prazer** – Laura Meyer da Silva

736(12).**Para entender o adolescente** – Dr. Ronald Pagnoncelli

737(13).**Desembarcando a tristeza** – Dr. Fernando Lucchese

738.**Poirot e o mistério da arca espanhola & outras histórias** – Agatha Christie

739.**A última legião** – Valerio Massimo Manfredi

740.**As virgens suicidas** – Jeffrey Eugenides

741.**Sol nascente** – Michael Crichton

742.**Duzentos ladrões** – Dalton Trevisan

743.**Os devaneios do caminhante solitário** – Rousseau

744.**Garfield, o rei da preguiça (10)** – Jim Davis

745.**Os magnatas** – Charles R. Morris

746.**Pulp** – Charles Bukowski

747.**Enquanto agonizo** – William Faulkner

748.**Aline: viciada em sexo (3)** – Adão Iturrusgarai

749.**A dama do cachorrinho** – Anton Tchékhov

750.**Tito Andrônico** – Shakespeare

751.**Antologia poética** – Anna Akhmátova

752.**O melhor de Hagar 6** – Dik e Chris Browne

753(12).**Michelangelo** – Nadine Sautel

754.**Dilbert (4)** – Scott Adams

755.**O jardim das cerejeiras** *seguido de* **Tio Vânia** – Tchékhov

756.**Geração Beat** – Claudio Willer

757.**Santos Dumont** – Alcy Cheuiche

758.**Budismo** – Claude B. Levenson

759.**Cleópatra** – Christian-Georges Schwentzel

760. **Revolução Francesa** – Frédéric Bluche, Stéphane Rials e Jean Tulard

761.**A crise de 1929** – Bernard Gazier

762.**Sigmund Freud** – Edson Sousa e Paulo Endo

763.**Império Romano** – Patrick Le Roux

764.**Cruzadas** – Cécile Morrisson

765.**O mistério do Trem Azul** – Agatha Christie

766.**Os escrúpulos de Maigret** – Simenon

767.**Maigret se diverte** – Simenon

768.**Senso comum** – Thomas Paine

769.**O parque dos dinossauros** – Michael Crichton

770.**Trilogia da paixão** – Goethe

771.**A simples arte de matar** (vol.1) – R. Chandler
772.**A simples arte de matar** (vol.2) – R. Chandler
773.**Snoopy: No mundo da lua! (8)** – Charles Schulz
774.**Os Quatro Grandes** – Agatha Christie
775.**Um brinde de cianureto** – Agatha Christie
776.**Súplicas atendidas** – Truman Capote
777.**Ainda restam aveleiras** – Simenon
778.**Maigret e o ladrão preguiçoso** – Simenon
779.**A viúva imortal** – Millôr Fernandes
780.**Cabala** – Roland Goetschel
781.**Capitalismo** – Claude Jessua
782.**Mitologia grega** – Pierre Grimal
783.**Economia: 100 palavras-chave** – Jean-Paul Betbèze
784.**Marxismo** – Henri Lefebvre
785.**Punição para a inocência** – Agatha Christie
786.**A extravagância do morto** – Agatha Christie
787(13).**Cézanne** – Bernard Fauconnier
788.**A identidade Bourne** – Robert Ludlum
789.**Da tranquilidade da alma** – Sêneca
790.**Um artista da fome** *seguido de* **Na colônia penal e outras histórias** – Kafka
791.**Histórias de fantasmas** – Charles Dickens
792.**A louca de Maigret** – Simenon
793.**O amigo de infância de Maigret** – Simenon
794.**O revólver de Maigret** – Simenon
795.**A fuga do sr. Monde** – Simenon
796.**O Uraguai** – Basílio da Gama
797.**A mão misteriosa** – Agatha Christie
798.**Testemunha ocular do crime** – Agatha Christie
799.**Crepúsculo dos ídolos** – Friedrich Nietzsche
800.**Maigret e o negociante de vinhos** – Simemon
801.**Maigret e o mendigo** – Simenon
802.**O grande golpe** – Dashiell Hammett
803.**Humor barra pesada** – Nani
804.**Vinho** – Jean-François Gautier
805.**Egito Antigo** – Sophie Desplancques
806(14).**Baudelaire** – Jean-Baptiste Baronian
807.**Caminho da sabedoria, caminho da paz** – Dalai Lama e Felizitas von Schönborn
808.**Senhor e servo e outras histórias** – Tolstói
809.**Os cadernos de Malte Laurids Brigge** – Rilke
810.**Dilbert (5)** – Scott Adams
811.**Big Sur** – Jack Kerouac
812.**Seguindo a correnteza** – Agatha Christie
813.**O álibi** – Sandra Brown
814.**Montanha-russa** – Martha Medeiros
815.**Coisas da vida** – Martha Medeiros
816.**A cantada infalível** *seguido de* **A mulher do centroavante** – David Coimbra
817.**Maigret e os crimes do cais** – Simenon
818.**Sinal vermelho** – Simenon
819.**Snoopy: Pausa para a soneca (9)** – Charles Schulz
820.**De pernas pro ar** – Eduardo Galeano
821.**Tragédias gregas** – Pascal Thiercy
822.**Existencialismo** – Jacques Colette
823.**Nietzsche** – Jean Granier
824.**Amar ou depender?** – Walter Riso
825.**Darmapada: A doutrina budista em versos**
826.**J'Accuse...! – a verdade em marcha** – Zola
827.**Os crimes ABC** – Agatha Christie
828.**Um gato entre os pombos** – Agatha Christie
829.**Maigret e o sumiço do sr. Charles** – Simenon
830.**Maigret e a morte do jogador** – Simenon
831.**Dicionário de teatro** – Luiz Paulo Vasconcellos
832.**Cartas extraviadas** – Martha Medeiros
833.**A longa viagem de prazer** – J. J. Morosoli
834.**Receitas fáceis** – J. A. Pinheiro Machado
835.(14).**Mais fatos & mitos** – Dr. Fernando Lucchese
836.(15).**Boa viagem!** – Dr. Fernando Lucchese
837.**Aline: Finalmente nua!!!** (4) – Adão Iturrusgarai
838.**Mônica tem uma novidade!** – Mauricio de Sousa
839.**Cebolinha em apuros!** – Mauricio de Sousa
840.**Sócios no crime** – Agatha Christie
841.**Bocas do tempo** – Eduardo Galeano
842.**Orgulho e preconceito** – Jane Austen
843.**Impressionismo** – Dominique Lobstein
844.**Escrita chinesa** – Viviane Alleton
845.**Paris: uma história** – Yvan Combeau
846(15).**Van Gogh** – David Haziot
847.**Maigret e o corpo sem cabeça** – Simenon
848.**Portal do destino** – Agatha Christie
849.**O futuro de uma ilusão** – Freud
850.**O mal-estar na cultura** – Freud
851.**Maigret e o matador** – Simenon
852.**Maigret e o fantasma** – Simenon
853.**Um crime adormecido** – Agatha Christie
854.**Satori em Paris** – Jack Kerouac
855.**Medo e delírio em Las Vegas** – Hunter Thompson
856.**Um negócio fracassado e outros contos de humor** – Tchékhov
857.**Mônica está de férias!** – Mauricio de Sousa
858.**De quem é esse coelho?** – Mauricio de Sousa
859.**O burgomestre de Furnes** – Simenon
860.**O mistério Sittaford** – Agatha Christie
861.**Manhã transfigurada** – Luiz Antonio de Assis Brasil
862.**Alexandre, o Grande** – Pierre Briant
863.**Jesus** – Charles Perrot
864.**Islã** – Paul Balta
865.**Guerra da Secessão** – Farid Ameur
866.**Um rio que vem da Grécia** – Cláudio Moreno
867.**Maigret e os colegas americanos** – Simenon
868.**Assassinato na casa do pastor** – Agatha Christie
869.**Manual do líder** – Napoleão Bonaparte
870(16).**Billie Holiday** – Sylvia Fol
871.**Bidu arrasando!** – Mauricio de Sousa
872.**Desventuras em família** – Mauricio de Sousa
873.**Liberty Bar** – Simenon
874.**E no final a morte** – Agatha Christie
875.**Guia prático do Português correto – vol. 4** – Cláudio Moreno
876.**Dilbert (6)** – Scott Adams
877(17).**Leonardo da Vinci** – Sophie Chauveau
878.**Bella Toscana** – Frances Mayes
879.**A arte da ficção** – David Lodge
880.**Striptiras (4)** – Laerte
881.**Skrotinhos** – Angeli
882.**Depois do funeral** – Agatha Christie
883.**Radicci 7** – Iotti
884.**Walden** – H. D. Thoreau
885.**Lincoln** – Allen C. Guelzo
886.**Primeira Guerra Mundial** – Michael Howard
887.**A linha de sombra** – Joseph Conrad
888.**O amor é um cão dos diabos** – Bukowski

IMPRESSÃO:

GRÁFICA EDITORA
Pallotti
IMAGEM DE QUALIDADE

Santa Maria - RS - Fone/Fax: (55) 3220.4500
www.pallotti.com.br